La historia no es la que es

Historia

Mikel Herrán

La historia no es la que es

Es la que te cuentan

Planeta

Avda. Diagonal, 662-664, 08034 Barcelona (España)
www.planetadelibros.com

Iconografía: Grupo Planeta
Ilustraciones del interior: © J. Mauricio Restrepo, © Hein Nouwens / Shutterstock, © Ranju sudhi / Shutterstock, © Prachaya Roekdeethaweesab / Shutterstock, © Morphart Creation / Shutterstock, © SAHAS2015 / Shutterstock, © Jacob Lund / Shutterstock, © suns07butterfly / Shutterstock
Diseño de maqueta: © J. Mauricio Restrepo
Adaptación de la cubierta: Booket / Área Editorial Grupo Planeta a partir de la idea original de J. Mauricio Restrepo
Primera edición en Colección Booket: abril de 2025

Depósito legal: B. 5.772-2025
ISBN: 978-84-08-30115-8
Impresión y encuadernación: CPI Black Print
Impreso en España

Biografía

Mikel Herrán (Zaragoza, 1991) es doctor en Arqueología y divulgador de historia en redes sociales a través de su perfil @PutoMikel. Durante más de cuatro años ha trabajado en medios de radio como *Carne cruda* o RNE y en televisión (*El Condensador de Fluzo, El Intermedio*), y en su canal de YouTube cuenta con cientos de miles de suscriptores. El suyo es un canal de divulgación con un toque *millennial*, riguroso, provocador y atento a la inclusión de voces más diversas en el discurso histórico.

@PutoMikel

@PutoMikel

@putomikel

@putomikel

ÍNDICE

Amama Marinari, bihotzez
y a todos los que cuidaron de mí cuando yo no podía.

INTRODUCCIÓN

Este es un libro de historia. Pero no es un libro de una historia concreta. El hilo argumental no es un país. No intento aquí ir desde los albores de los tiempos hasta el presente. Desde Altamira hasta la Transición. Tampoco un periodo específico ni un conflicto concreto. No pretendo hablar de la historia de un fenómeno social, un tipo de música o el alcohol. Podría ponerme metafísico y decir que, realmente, no hay un hilo conductor. Tal vez eso aumentase las ventas o, por el contrario, las alejase al pensar el lector que este libro son las reflexiones sueltas de un *youtuber* con ínfulas. Francamente, ¿quién quiere leer eso?

Pero si hay una idea que recorre este libro esa es la de invitar a la reflexión sobre cómo construimos los relatos que forman la historia.

Porque en este libro, realmente, no digo nada que un estudiante de Historia no haya aprendido en la carrera o, al menos, que debería saber al salir de ella. Sin embargo, son temas que parece que aún nos resistimos a entender. Que estudiar el pasado no consiste en encontrar un término en una fuente de hace mil años y repetirlo, como un acuse de recibo de la existencia de un concepto que estaba destinado a evolucionar de una manera concreta; o que el sujeto histórico que elegimos y las preguntas planteadas van a condicionar el resultado de nuestra investigación. Que ver la historia a través de videojuegos como el *Age of Empires* nos ha hecho a menudo heredar esta visión del pasado como la sucesión de eventos políticos (guerras, paces, reyes, descubrimientos tecnológicos), en una nítida línea hasta el presente. ¿Por qué buscamos en la historia la forma de entender*nos*? ¿Qué papel cumplen las fechas?

Así, cada capítulo se enfrenta a un pequeño (o gran) enemigo hecho de los tópicos que asedian nuestra visión del pasado. No para aniquilarlo y echarlo a un lado sin miramientos, sino para entender qué valores refleja, cómo hemos llegado hasta aquí e ir más allá, para buscar maneras alternativas de aproximarnos al pasado.

Tal vez he ahí el hilo conductor: cuestionar. Más a menudo hemos buscado en el pasado la forma de confirmar nuestras certezas, y en ellas hemos construido relatos que en muchas ocasiones exaltan figuras, conceptos o eventos en los que nos sentimos cómodos, sin preguntarnos qué significa esta manera de ver el ayer. Este libro no pretende tranquilizar, aunque, no nos alarmemos, tampoco es mi intención provocar un síncope a cada página. Por eso, intentaré ilustrar cada caso planteado con pequeñas ventanas al pasado y, al final de cada capítulo, buscaré un caso práctico, una forma de dejar de marear la perdiz con reflexiones filosóficas, y simplemente entendernos.

La historia va más allá de una contemplación de tiempos anteriores apartada del mundanal ruido. Más allá de aprender curiosidades con las que deslumbrar en una cena familiar. Sí, puede que a menudo veamos a los historiadores cubiertos de legajos en un archivo bajo una luz halógena que haría a Gollum parecer un saludable bañista en la playa; o a los arqueólogos cubiertos de polvo en una zanja en medio de la nada, buscando distintos tonos de marrón. Es probable incluso que, aprendiendo de historia en el instituto, lo viéramos todo como extraño y apartado, cosas que pasaron hace años y que no nos incumben.

Pero la historia es una ciencia, un ejercicio activo de exploración de los hechos del pasado que, de paso, nos ayuda a conocernos a nosotros mismos. No solo por intentar entender cómo hemos llegado aquí o cómo hechos del pasado nos siguen afectando. Las consecuencias de la Revolución francesa, o de la Constitución de Cádiz. También porque nos ayuda a entender cómo construimos los relatos que dan orden a nuestro mundo en la actualidad: cómo se formaron y cuántas diferencias ha habido entre unos y otros.

Pensar en la historia no de forma unívoca y direccional, el camino hasta el hoy, sino de forma diversa también nos permite pensar el presente, y el futuro, de forma diversa. No necesitamos imaginar universos paralelos o viajar a otros planetas para ver modos alternativos en que las sociedades pueden entenderse y organizarse: en otros tiempos, en otras sociedades, las hubo. Toda historia tiene algo de sociología, de antropología, de filosofía.

Pero bueno, para empezar, hablemos de historia.

[illegible] posibilidad [illegible] en la [illegible] todo lo que [illegible] en una [illegible] de la mente [illegible] forma [illegible]. Es probable [illegible] que [illegible] de la [illegible] en el [illegible] como [illegible] que [illegible]

[illegible] en la [illegible] de [illegible] en [illegible] construcción de cada [illegible] conocemos [illegible] actualidad [illegible]

[illegible] el [illegible] hasta hoy [illegible] pensar el presente y el futuro [illegible] necesitamos imaginar universos [illegible] modo [illegible] en que [illegible] para entenderse [illegible] de [illegible]

[illegible]

CAPÍTULO 1

LA HISTORIA... ¿ES LA QUE ES?

Después de ver la serie española *El Ministerio del Tiempo* (TVE, 2015-2020), puede que a muchos les haya quedado claro que sí, que la historia es la que es. Pero dejadme que aporte algo de contexto para quienes, como yo, suelen ignorar la televisión abierta en favor de Netflix o de YouTube. La premisa de la serie es bastante sencilla: en España existe un ministerio secreto, el Ministerio del Tiempo, que tiene acceso a una serie de portales que permiten a sus agentes viajar al pasado. Su misión es mantener la línea temporal a salvo de interferencias que alteren la historia, algunas provocadas por sociedades secretas enemigas del ministerio y otras por serendipia o mutaciones aleatorias. El lema de este ministerio, que siguen todos sus agentes y que se repite en muchos de los capítulos, es ese: «La historia es la que es, no podemos cambiarla». Lo dicen, por ejemplo, cuando el protagonista se plantea si podría salvar a Federico García Lorca de morir fusilado el 18 de agosto de 1936.

Obviamente, este libro no es de análisis audiovisual. Esta frase tiene sentido narrativo en la serie, y podríamos pensar que es bastante inofensiva, pero esconde una mentira tan repetida que la damos por válida sin dudar, una de la que tenemos que ser conscientes cuando queremos acercarnos a la historia o entender qué hacen un historiador o un arqueólogo (como el que escribe). Ahora, bajo el riesgo de provocar la furia de Javier Olivares, creador de *El Ministerio del Tiempo,* tengo que corregir:

> La historia no es la que es,
> es la que te cuentan.

Sí, hay hechos que sabemos que ocurrieron y, por la cantidad de fuentes contrastadas que tenemos sobre ellos, son indiscutibles. El 18 de agosto de 1936, el corazón de un granadino llamado Federico García Lorca dejó de latir. Pero cómo se cuenta ese hecho nos dice incluso más que el propio acontecimiento: algunos titulares recuerdan la fecha como el aniversario de su «muerte», otros, de su «asesinato». Ambos datos serían verdad, pero uno de ellos da una información que el otro calla. En el segundo podríamos preguntarnos qué definimos como *asesinato* y las implicaciones de usar el término. Ya solo en la forma de contar el hecho hay más que la mera verdad objetiva.

Por otro lado, contar el hecho no es hacer historia. Si este libro fuese una serie de fechas y datos sueltos (un rey, una batalla), no sería un libro de historia, sería un almanaque. **La historia se *construye*** (atención a la palabra) al buscar cómo ese hecho se entrelaza con otros, qué ha llevado a ello y qué consecuencias ha tenido. ¿Qué hacía Lorca en esa carretera? ¿Quién le llevó allí? ¿Qué papel jugó su poesía en que decidieran llevarle ante ese muro? ¿Qué papel tuvieron en la condena su simpatía por el Frente Popular o su conocida homosexualidad? ¿Cómo recibieron los periódicos, de distintas ideologías, la noticia de su asesinato? ¿Cambió la imagen de los sublevados? ¿Qué nos dice este asesinato sobre la violencia en los primeros meses de la Guerra Civil? Estas son solo algunas preguntas que pueden plantearse, y que no vamos a responder aquí porque no es el objetivo y otros lo han hecho mejor.

Esto quiere decir que **la historia es un relato, una explicación que puede unir una serie de hechos para buscar cómo se unen entre ellos y qué los relaciona.** Puede que algunos ya estéis gritando «¡posmodernismo!», o igual escandalizándoos, porque ¿cómo va a ser el pasado algo distinto de lo que «es»? Como diría el gran poeta:

> «Lo que pasó, pasó»,
>
> Daddy Yankee.

Dejad que me explique.

Cuando digo que la historia es un relato, no quiero decir que todo vale, como un cuento que improvisas con tus amigos. Antes he dicho que la historia se construye. Y para ello necesita arquitectos, claro. Ahí entran los historiadores, los arqueólogos, los historiadores del arte y, sí, a menudo también los políticos. Estos «arquitectos» tendrán que usar bloques, que vamos a llamar *fuentes* y que pueden ser de todo tipo: escritas, arqueológicas, artísticas o incluso etnográficas. Cada uno de estos bloques nos puede ayudar a entender ciertas cosas del pasado, darnos pruebas sobre las que construir la interpretación que hacemos de este y montarnos un edificio más o menos estable, según los cimientos que hayamos podido asentar.

Igual el símil no es perfecto, no soy arquitecto, pero con lo que quiero que os quedéis es con que estos bloques son muy diversos, tienen facetas que no podemos ver bien, y estas facetas les hacen encajar de formas imperfectas. Y siempre nos dejamos cosas fuera, tanto por nuestras propias capacidades como porque mucha información se ha perdido. **La realidad es tremendamente compleja y las fuentes no pueden recogerlo absolutamente todo.**

Esto quiere decir, por tanto, que no hay Una Historia (con mayúscula), una historia que *es*. Todas son relatos y todas son parciales. Y la que voy a contar aquí no lo es menos. Pero no quiero que eso os haga cerrar el libro y buscar a quienes os venderán una historia presuntamente objetiva. El trabajo del historiador no consiste en la objetividad (aunque se busca), sino en la rigurosidad.

> «Di la fuente, ¡di la fuente!»,
>
> Lydia Lozano.

Voy a intentar en todo momento argumentar por qué digo lo que digo y además ofrecer las fuentes de las que parte mi información. Y allí donde me limite a elucubrar para rellenar algún hueco que nos ha quedado en el registro, también lo diré, claro. Con esto espero convenceros de que no estoy mintiendo y, a lo mejor, invitaros a buscar por vosotros mismos una interpretación alternativa y justificada. Para eso, claro, tengo que empezar hablando del kit de herramientas de todo profesional del estudio del pasado: las fuentes.

Cuando pensamos en fuentes para acercarnos al pasado, las hay muy variadas, incluso cuando solo hablamos de fuentes primarias. Podemos pensar en fuentes escritas, que son las que más interesan a los historiadores; hay fuentes materiales, como puedan ser las cerámicas, las herramientas o los edificios que estudia un arqueólogo; tenemos también las fuentes iconográficas, como pueda ser estudiar la representación de ciertas figuras en el arte, en grabados o en monumentos; y tenemos también fuentes orales, que son útiles sobre todo para épocas más recientes. Todas ellas, como he dicho, son piezas que se pueden encajar de forma imperfecta para cimentar nuestras interpretaciones. Y cada tipo de fuente tiene unas limitaciones y unas propiedades que debemos entender antes de utilizarlas. Un contexto, una fiabilidad y un significado que tenemos que valorar.

Si intentásemos entender a una persona a través de sus redes sociales, llegaríamos a conclusiones muy distintas según si nos basamos en su Instagram, donde sube fotos de viajes exóticos; su Twitter, donde publica las primeras tonterías que se le pasan por la cabeza; o su LinkedIn, donde intenta presentar una imagen profesional. Es por eso que **el contexto de la fuente es tan importante, si no más, que lo que dice**.

HAY QUE LEER LA LETRA PEQUEÑA

Si hablamos de historia, es inevitable pensar en las fuentes escritas. Al fin y al cabo, la escritura es lo que marca el paso entre la prehistoria y la historia. A raíz de las fuentes escritas podemos ver, por ejemplo, cómo ciertas sociedades se entendían a sí mismas, cuáles eran sus mitos, o sus leyes, o el discurso que querían presentar al mundo. Por supuesto todo depende de cuándo y quién escribiese la fuente, o con qué objetivo.

Hasta hace poco, la gente que podía leer y escribir ha representado una parte muy pequeña de la población. La mayoría de las fuentes escritas que tenemos han sido escritas por o para la élite. Por lo que **las fuentes escritas, aunque las hay de muchos tipos, suelen reflejar una forma de ver el mundo bastante concreta: la del que manda.** Es decir, una perspectiva a menudo masculina y normativa, pero, sobre todo, rica. Si nos ponemos en ciertos contextos, como pudiera ser la Europa de la Edad Moderna o la Edad Contemporánea, tendríamos que añadir blanca y heterosexual, pero esto lo debatiremos más adelante.

Creerse a pies juntillas lo que dice una fuente escrita no suele llevarnos muy lejos, y se corre el riesgo de creerse más de un bulo.

> Las fuentes se tienen que colocar en su contexto de producción, se tienen que leer de manera crítica y, a veces, como La Veneno, valen más por lo que callan que por lo que hablan.

Un ejemplo muy claro son las cifras de combatientes en una batalla, que a menudo se exageran para hacerla sonar más épica. Algunas crónicas cristianas hablan de doscientos mil musulmanes haciendo frente a las tropas cristianas en las Navas de Tolosa, aunque entre las crónicas musulmanas algunas mencionan hasta seiscientos mil combatientes. Estas cifras habrían sido imposibles de acumular por las sociedades feudales e incluso para el Imperio almohade en el siglo XIII. Por eso los historiadores estudian estos detalles de las fuentes, dando pie a largos debates.

En otros casos no son solo los detalles, sino el fondo lo que está en debate. Los relieves del templo de Abu Simbel representan a Ramsés II montado en su carro disparando contra los hititas para conmemorar la gran victoria egipcia en la batalla de Qadesh. Qadesh era una localidad en lo que hoy día sería la frontera entre Líbano y Siria, a orillas del río Orontes, y en este lugar se enfrentaron las dos principales potencias del Mediterráneo oriental en torno al año 1274 a. C.

Si nos centramos en lo que dicen las fuentes escritas, para el faraón Ramsés, Qadesh fue una victoria egipcia aplastante que permitió asegurar el control del Levante mediterráneo para los egipcios y frenó el avance hitita. Todo un logro que merecía ser conmemorado en tantos relieves y monumentos como fuera posible. El faraón mandó hasta componer un poema, llamado el *Poema de Pentaur,* en el que narra la batalla más épica posible antes de *El señor de los anillos*. El problema es... que las fuentes hititas del rey Muwatali II también nos cuentan que ganaron la batalla y derrotaron al faraón. ¿A quién creer?

Parece que las pérdidas sufridas por los hititas fueron muy altas, pero, por otra parte, no hay ninguna otra prueba de que, tras la batalla, los egipcios lograran dominar la zona de Levante. Qadesh continuó siendo controlada por los hititas, que mandaban caravanas comerciales a la ciudad de manera regular. Y más al sur, los arqueólogos seguían encontrando los mismos artefactos y textos escritos en cuneiforme, en vez de en jeroglíficos. Por otra parte, que Ramsés insistiera tanto en hacer circular poemas narrando su victoria, dejándola en inscripciones y en murales, tal vez nos debería haber hecho sospechar...

La respuesta a este misterio sigue buscándose, aunque hoy por hoy ya tenemos pistas suficientes para cuestionar la victoria egipcia. En Hattusa, la capital del Imperio hitita, se descubrieron unos archivos con la correspondencia privada entre Ramsés II y el nuevo rey hitita, Hattusili III, que daban una imagen distinta de la «victoria». El rey hitita preguntaba a Ramsés por qué se presentaba como el vencedor de Qadesh, si había perdido. Ramsés, por su parte, reconocía que aquella había sido una batalla difícil. No admitía su derrota, pero, tal vez a regañadientes, dejaba entrever lo que se escondía tras todos esos relieves y poemas.

Así que, si queremos entender por qué se dan versiones tan distintas de los mismos hechos, tenemos que ir algo más allá. No es simplemente que dos bandos estén intentando presentarse como los vencedores porque no saben perder. Esto no es como cuando tenemos dos versiones de la misma noche de fiesta y cada uno la recuerda de forma distinta. **Tenemos que entender qué significa cada fuente, en qué circunstancias se mandó escribir y con qué objetivo.**

Por un lado, el *Poema de Pentaur* y los grabados eran versiones oficiales, presentadas por un monarca a sus súbditos con el objetivo de mostrarse como poderoso. El faraón además tenía un carácter divino, así que con más razón: un dios no podía perder. Por otro lado, tenemos cartas privadas, intercambiadas como parte de la diplomacia entre dos grandes potencias y donde el objetivo era muy distinto. Pasada la batalla, Ramsés y Hattusili buscaban mantener una especie de cordialidad, o al menos eso parece interpretarse al leer su correspondencia. Además, a medida que pasaban los años, algunas de las consecuencias de la batalla parecían más claras: una serie de revueltas en el Levante hicieron difícil que los egipcios controlasen la zona. En el lado hitita hubo luchas internas por controlar el trono en cuanto murió Muwatali que tampoco permitieron ningún avance contra Egipto. A largo plazo, el resultado final de esta batalla sería un lento proceso diplomático que llevaría a la firma del tratado de paz más antiguo que se conserva, conocido precisamente como el Tratado de Qadesh, en el que los dos monarcas reconocían al otro como un igual, y sus zonas de influencia. Ni *pa* ti ni *pa* mí.

Lo más probable es que la batalla en sí fuese una victoria, a duras penas, para el bando egipcio, pero una tan difícil y costosa que, a la larga, supuso una victoria táctica de los hititas. Al menos, en esa línea lo interpretan la mayor parte de los historiadores. Y leer a los historiadores, y el consenso que han ido construyendo en base a las fuentes primarias, a los debates y a la colaboración, es también una fuente de conocimiento histórico en sí, y una importantísima. Para conocer un único hecho histórico (el resultado de una batalla), hemos tenido que recurrir a fuentes de todo tipo: correspondencia privada, obras literarias, crónicas públicas y documentos jurídicos y, sobre todo, contrastarlas. Algunas de estas fuentes fueron escritas inmediatamente después de la batalla; otras, décadas después. Cada una nos ilumina distintas facetas sobre lo que ocurrió en Qadesh y cómo lo vieron las distintas personas involucradas. O al menos cómo quisieron recordarlo.

Hay más tipos de fuentes escritas, por supuesto, donde podríamos decir que el principal interés no es ensalzar el poder o hacer un ejercicio propagandístico. Las fuentes de tipo administrativo, por ejemplo, las actas notariales, o los inventarios y las cuentas de las casas nobiliarias pueden ser aburridísimas de leer, pero nos hablan de cómo se gestionaban los estados o los territorios, qué años hubo mejores cosechas o cómo se organizaba el comercio. Podemos ver, por ejemplo, cómo las malas cosechas afectan al precio del trigo, y cómo un aumento en el precio del pan pudo dar pie a revueltas populares.

Las fuentes jurídicas, como las leyes que se decretan, nos hablan de cambios en la mentalidad o de nuevas preocupaciones entre la sociedad que las redacta. Una pista: **cuanto más se insistía en prohibir algo, más probable era que ese algo se hiciese..., y mucho**. Por ejemplo, a partir del siglo XIV en Europa encontramos cada vez más leyes que regulan qué tejidos y colores podía vestir la gente según su estatus social. Estas leyes son conocidas como ***leyes suntuarias*** y nos informan no solo de que las clases urbanas empezaban a poder permitirse prendas más caras que antes solo podían permitirse los nobles, sino también de que estas prohibiciones solían ignorarse. O, al menos, se buscaban triquiñuelas para ignorar la ley sin romperla.

Por otro lado, las sentencias nos hablan de la frecuencia con que estas leyes se rompían y cuál era el precio que la gente estaba dispuesta a pagar por cometer esos crímenes, o qué importancia daban ciertas sociedades a unos crímenes frente a otros. Por ejemplo, si bien la «sodomía» estuvo prohibida en la Marina inglesa desde el siglo XVI, rara vez vemos que esta ley se llevase a juicio y se emitiesen sentencias, hasta por lo menos cien años después. Hasta ese momento, si aparecía el cargo de sodomía, solía ser un añadido a otros cargos mayores como la alta traición. No es que antes no hubiese hombres que se querían mucho, o que a partir del siglo XVI se volviesen más torpes a la hora de disimularlo, sino que el delito, aunque tipificado bajo el reinado de Enrique VIII, pareció no considerarse lo suficientemente grave como para perseguirlo de manera activa con todo el peso de la ley hasta ese momento.

Si nos acercamos más en el tiempo, tenemos muchas más fuentes y más variadas. A partir del siglo XV, la irrupción de la imprenta en Europa permitió que escribir fuese mucho más rápido y que los escritos circulasen más. Tenemos más libros, más tratados, y apenas unos doscientos años después (en Europa, eso sí, porque en China nos llevaban bastante la delantera) empezamos a tener periódicos. Esto nos da muchas más fuentes y formas de acercarnos a acontecimientos del pasado. Podemos leer cómo se vivieron ciertos eventos en el mismo día e incluso desde distintas perspectivas de diversos periódicos. No creo que sorprenda a nadie si digo que la información que da la prensa también tiene un objetivo y un mensaje. Podemos leer también noticias que parecerían no tan importantes, pero nos hablan de cómo vivía la gente en una época, o incluso esquelas, ver qué productos se anunciaban y un larguísimo etcétera.

Por todas estas razones, si estudiamos las fuentes escritas es muy importante que entendamos de dónde vienen y con qué objetivo se escribieron, ya que solo así podremos saber no solo qué dicen, sino **a quién se lo dicen, por qué lo dicen y por qué omiten lo que omiten. Esto es, interpretarlas.** Otro punto fundamental, por supuesto, es entender cuándo se escribe y qué pasos ha seguido esa fuente hasta llegar a nosotros. Encontramos multitud de fuentes que nos hablan de periodos pasados, crónicas que se escribieron cien o doscientos años después de los hechos. Y en muchos de estos casos es de esperar que les esté fallando la memoria. A medida que pasa el tiempo, nuestro recuerdo de los acontecimientos pasados se tergiversa. Normalmente porque no podemos recordarlo todo, pero más a menudo es porque los eventos que vienen después manchan nuestra visión de lo que ocurrió antes.

Existe una famosa encuesta en la que se preguntó a los franceses quién creían que había tenido un papel mayor en la victoria aliada en la Segunda Guerra Mundial contra Alemania. Esta pregunta, al parecer sencilla, se realizó en cuatro fechas

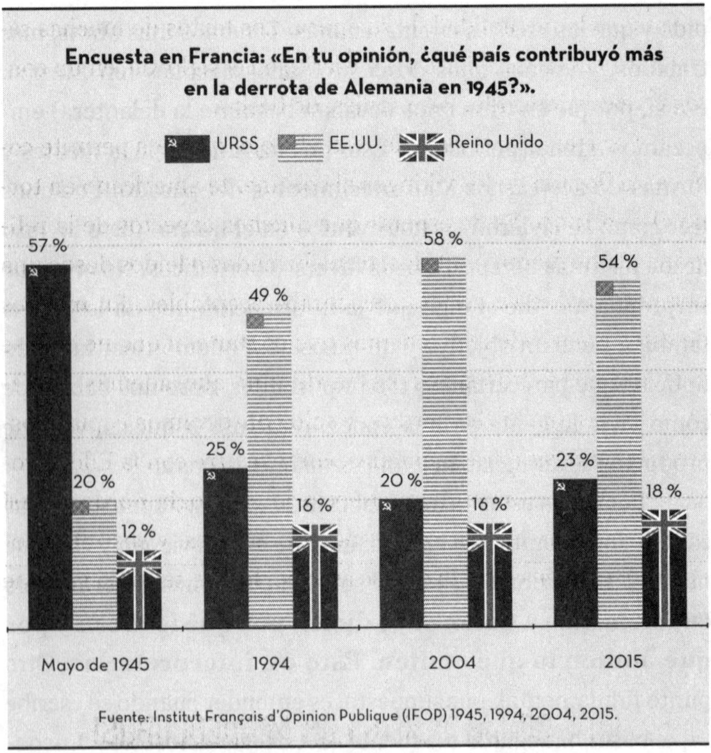

Encuesta en Francia: «En tu opinión, ¿qué país contribuyó más en la derrota de Alemania en 1945?».

Fuente: Institut Français d'Opinion Publique (IFOP) 1945, 1994, 2004, 2015.

distintas para comparar los resultados: en 1945, poco después de la guerra; en 1994, tras la caída del bloque soviético; en 2004, tras la guerra de Irak; y finalmente en 2015, cuando se publicó el estudio. Sin ahondar en qué respuesta sería la «correcta», vemos que después de setenta años de vivir en el «mundo libre», los franceses habían cambiado de opinión de forma casi absoluta.

De forma parecida, cuando las fuentes se copian y se reescriben a lo largo de los siglos, podemos esperar que el copista omita algunas cosas, bien porque no le convienen, o porque no las entiende, o que directamente cambie otras para adaptarlas al lenguaje y la mentalidad de su época. Los textos de muchas sagas nórdicas se recopilaron por escrito en el siglo XIII, en un contexto ya cristianizado. Por monjes, de hecho.

Por ejemplo, la saga de Erik el Rojo, que nos permite conocer la llegada de los vikingos al continente americano en torno al año 1000. Es de esperar que muchos aspectos de la religión pagana fueran omitidos, transformados o leídos desde una perspectiva que ya no los consideraba aceptables. En muchos de estos casos, además, tenemos que contar con que no solo se pusieron por escrito siglos más tarde, sino que, además, el manuscrito original se ha perdido y solo conservamos copias posteriores, enteras o fragmentadas, como ocurre con la Edda prosaica (la mayor fuente para conocer la mitología nórdica). Así que tenemos la mediación de muchos autores, y sus intenciones, entre «el hecho», lo que se escribe, lo que se copia y lo que leemos.

¡QUÉ COSAS TENÉIS LOS ARQUEÓLOGOS!

Dejando atrás lo escrito, tenemos las fuentes materiales o arqueológicas. Lo que las sociedades del pasado han dejado atrás: las herramientas que utilizaban, la vajilla en la que comían, las casas y los edificios donde habitaban o las tumbas donde se enterraban. Estas fuentes, que estudian los arqueólogos, nos permiten saber cómo vivían las sociedades del pasado, cómo cocinaban, con quién comerciaban, cómo construían... Es un larguísimo etcétera.

Cuando se desentierra una tumba, un arqueólogo puede estudiar la posición social del difunto según los objetos con los que fuese enterrado (su ajuar); otro podría estudiar los materiales con los que está hecho este ajuar y descubrir que algunos de ellos viajaron miles de kilómetros hasta llegar ahí, y un paleoantropólogo podría analizar los huesos para ver qué clase de trabajos y esfuerzos tuvo que hacer esta persona en vida, si recibió heridas o si tuvo problemas de nutrición (todo eso y mucho más queda reflejado en nuestros huesos).

«¡Santa Bárbara bendita,
madre de san Agustín,
he encontrado una cosa!»,

Ralph Wiggum.

Los restos que dejamos atrás hablan tanto como lo que podamos dejar escrito. Porque los objetos, las cosas que utilizamos, dicen más de nosotros de lo que querríamos pensar y son creados dentro de sistemas de relaciones y significados que varían según el contexto. Donde vivimos dice mucho de cómo tenemos pensado que una persona debe vivir, nuestras ideas de familia, o de espacio «privado». Y eso sin meternos en la decoración.

Personalmente siempre me gusta explicarlo como la diferencia entre lo que podríamos descubrir de una persona si leemos lo que publica en sus redes sociales frente a lo que pensaríamos si rebuscásemos en su basura. Tal vez descubramos que ese *instagramer* que presume de una vida sana y de una dieta totalmente saludable, patrocinada por la marca *low-fat* de turno, se metió entre pecho y espalda dos bolsas de patatas y un paquete de rosquillas. Esto no quiere decir que una fuente sea más válida, o mejor, que la otra. En ambos casos estaríamos descubriendo algo útil: cómo alguien quiere verse o quiere que le vean, frente a lo que hace en el día a día.

En el ejemplo de Qadesh que mencionábamos antes, la falta de objetos y artefactos egipcios (lo que llamamos *cultura material*) en la zona de Palestina nos daba ciertas pistas de que el reino de Ramsés II tardaría aún varias décadas en controlar esa zona, por mucho que, en aquellos años, a nivel internacional, el faraón estuviese reclamando como efectivo su control.

La arqueología, que es la ciencia que estudia el pasado a través de las fuentes materiales, ha servido para matizar muchas cosas sostenidas por la historia cuando solo se usaban fuentes escritas. Los textos escritos a menudo se centran en las élites o son escritos para ellas, mientras que las «cosas» que nos encontramos en un yacimiento pudieron pertenecer hasta a la persona más pobre.

Por ejemplo, volvamos a los vikingos: si buscamos en las fuentes de la propia época, nos vamos a encontrar que la mayor parte fueron escritas por los pueblos que se cruzaban con ellos, no por ellos mismos, así que abundan en ellas historias sobre los saqueos y el pillaje. Las sagas vikingas y otras fuentes escandinavas, transmitidas oralmente y puestas por escrito siglos más tarde, podían iluminar algunos aspectos, pero se centraban sobre todo en hablar de grandes personajes y expediciones. Las fuentes más cercanas a la época eran las de los monjes cristianos, que eran al fin y al cabo quienes sabían escribir, y tras la quema del monasterio de Lindisfarne en el 793 (evento que se considera que da inicio a la era vikinga) podemos entender que estos señores no estuvieran muy por la labor de pararse a intentar comprender cómo vivían los paganos. Las fuentes nos hablan casi siempre de los vikingos como un castigo divino, y las referencias a los intercambios pacíficos con ellos solían dejarse de lado para centrarse en saqueos, ataques y grandes ejércitos.

Así, la imagen que se ha transmitido hasta nuestros días de los vikingos, gracias a estas fuentes escritas, es la de piratas que hacían rápidas incursiones de saqueo. Su lema habría sido algo así como: «Arrasa con lo que veas y generoso no seas».

Pero la arqueología tenía algo que decir al respecto. A finales del siglo XIX, un entomólogo decidido a investigar insectos conservados en ámbar se embarcó a la pequeña isla de Björkö (Suecia), en el lago Malaren, no muy lejos de Estocolmo. Los buenos resultados de su investigación le hicieron sospechar: en esa isla había demasiado ámbar para la zona. ¿Y si había dado con un antiguo puesto en el comercio del ámbar del Báltico? El entomólogo, Knut Hjalmar Stolpe, ahora convertido en arqueólogo, empezó unas excavaciones que duraron veinte años, y que revelaron los restos del antiguo centro de Birka. Estas excavaciones, y los proyectos que se han ido dando en los últimos ciento veinte años, han revelado en esta isla en medio de un lago uno de los grandes centros de las complejas redes comerciales que comunicaban Europa occidental con el califato abasí de Bagdad, ¡a través del Báltico!

Cien años después, y a unos doscientos kilómetros al sur de Birka, un agricultor no dejaba de encontrar monedas de plata cuando araba sus tierras con maquinaria pesada. Los arqueólogos, tras excavar la zona, se encontraron un total de 14.295 monedas (casi setenta kilos de oro y plata). Entre ellas, se incluían algunas llegadas de Persia, pero la mayoría eran dírhams de plata, acuñados en distintos puntos del extremo oriental del califato, como Samarcanda (Uzbekistán). De hecho, por todo el Báltico se repiten las historias de hallazgos casuales de monedas de oro o plata enterradas intencionalmente. Estos «tesorillos», como quien guarda sus billetes debajo del colchón, nos hablan de una sociedad en la que había una cantidad considerable de monedas, que circulaban con bastante frecuencia. Pero, más importante aún, nos hablan de quién comerciaba con quién, y nos hacen preguntarnos cómo estas monedas recorrieron los cuatro mil kilómetros que separan Samarcanda de Gotland.

Estos hallazgos iluminan el papel que jugaron las sociedades nórdicas no en el saqueo, sino en el comercio, comunicando partes del mundo que no habían tenido ningún vínculo comercial. Yacimientos como Birka o Hedeby (Dinamarca) nos hablan del impacto que este comercio tuvo para las propias sociedades nórdicas. Empezaron a aparecer ciudades comerciales, donde se vendían productos del norte como ámbar, hueso y marfil de morsa, pieles o esclavos. Los jefes de estas zonas estaban interesados en conseguir poder y riqueza, y esto no siempre se hacía con expediciones de saqueo: el comercio les traía productos exóticos con los que mostrar su poder, y controlar el comercio y tener centros protegidos donde se pudiese realizar era también importante. La construcción de centros de comercio en las costas del mar del Norte (llamados *wics*) reactivó la economía del norte de Europa de una forma que no se había visto en siglos. Esto, por supuesto, llevaría a conflictos entre jefes vikingos por ver quién controlaba los centros más importantes, conflictos que conocemos a través de las fuentes escritas.

Así pues, la arqueología nos habla de otros vikingos y otro pueblo nórdico, y nos da una imagen mucho más compleja de una sociedad que transformó el continente europeo no a través del saqueo y el pillaje (o no solo, al menos). Los vikingos no eran tontos: sabían cuándo merecía la pena saquear (cuando tu enemigo estaba desorganizado y tenían grandes riquezas al alcance que permitían una ganancia rápida, como ocurría en los monasterios en Europa occidental) y cuándo merecía la pena comerciar. En las islas británicas hasta supieron establecer sus propios reinos para pasar del saqueo al cobro de tributos e impuestos, una fuente mucho más estable de riqueza si quieres mantenerte en el poder. Las nuevas (y viejas) ciudades se llenaron de artesanos que hacían artefactos para las nuevas élites, y comerciantes que suministraban productos exóticos y no tan exóticos. También a través de la arqueología conocemos cómo vivía la mayor parte de estas sociedades nórdicas, que eran granjeros y gente «ordinaria» de los que las grandes sagas no iban a escribir. Y conocemos no solo cómo cultivaban o en qué tipo de casas vivían. A través de análisis del ADN sabemos también que muchos de ellos, incluyendo mujeres, viajaron del norte de Europa a las islas británicas para asentarse, ejercer un oficio y formar sus propias familias.

En definitiva, **la arqueología puede aportar mucho más que artefactos que colocar detrás de una vitrina en un museo.** Si está sonando a que estoy poniendo la arqueología por encima de la historia, puede ser por deformación profesional, y por la necesidad de empujar más allá de un tópico. En realidad, ambas disciplinas permiten estudiar el pasado desde enfoques distintos, pero, idealmente, deben trabajar juntas para dar una visión más completa, no solo a través de lo que la sociedad dice de sí misma (y de otros), sino a través de lo que utiliza, sus modos de vida. Lo malo: a menudo lo que dicen las fuentes escritas y lo que dicen las fuentes materiales, como hemos visto, se contradice. Para tener una visión completa que te permita entender un ámbito concreto en una región concreta en un periodo concreto, pongamos el comercio de lana castellano en el siglo XIV en la submeseta norte, a través no solo de las fuentes escritas, sino también de las materiales, necesitas una vida, o incluso varias, y la colaboración con otros expertos. Por lo que acabas siendo selectivo en tus fuentes, y bien por exceso de ellas, o porque estas fuentes no lo registran todo..., tu visión siempre va a ser parcial.

¡QUÉ BONITO, ESOS DORADOS!

También podemos entender el pasado a través de sus imágenes y sus obras de arte. Algunas de estas, como ya he mencionado, nos las podemos encontrar en periódicos o en anuncios, pero la historia del arte, aunque lidia con sus propios temas, no nos habla solo de artistas particulares o de tendencias en el mundo del arte; también nos puede hablar de la sociedad que producía y demandaba esas obras.

El estudio de cómo se representaba visualmente la realidad, o qué elegía representarse, nos informa de cambios culturales. La aparición de nuevos motivos o tópicos puede revelar el surgimiento de una nueva ansiedad cultural. Por ejemplo, tras la peste negra, el arte europeo se llenó de calaveras. La aparición de la Muerte en frescos o en relieves empieza a volverse frecuente, y entre los motivos más comunes estaba la llamada *Danza de la Muerte*. En esta, se representaba a la Muerte saliendo a bailar con personas de distintos estamentos sociales, normalmente fáciles de distinguir por cómo vestían.

Estas danzas nos hablan de nuevas formas de religiosidad y de cómo la muerte había pasado a integrarse en el imaginario colectivo, como algo común y que a todos llega. Nos muestra cómo la pandemia del siglo XIV cambió no solo la economía, sino también la mentalidad de quienes sobrevivieron o las formas de representación de sus ideas. Y esto no lo vemos solo en el arte visual, también en obras musicales o literarias como *El Decamerón* de Boccaccio.

> «Pero aparte de esto... soy una persona que adora la estética»,
>
> Manuela Trasobares

El estudio del arte y la iconografía también puede hablarnos de símbolos concretos y de cómo estos fueron utilizados y transformados a través de los siglos. Por ejemplo, a lo largo del Mediterráneo oriental, durante la Antigüedad, existe un motivo que se va repitiendo en el arte: el crióforo, un hombre joven llevando a los hombros un carnero. Este motivo se identificaba con el dios Hermes Psicopompo, es decir el Hermes que guiaba las almas al inframundo.

Encontramos imágenes del crióforo tanto en Grecia como, siglos después, en copias y ejemplares romanos. Pero a partir del siglo III d. C., el portador del carnero pasó a tener otros significados: en el Evangelio de Juan se escribe que Jesucristo se refirió a sí mismo como el Buen Pastor, que cuida de su rebaño. Pasamos entonces a encontrar imágenes que recuerdan mucho a esas esculturas griegas de un hombre joven llevando un cordero a los hombros, pero en un nuevo contexto.

Los primeros cristianos, que en muchas ocasiones practicaron su culto a escondidas, desarrollaron sus propios símbolos para reconocerse e identificarse (por ejemplo, el pez), pero también estuvieron muy influidos por el mundo que los rodeaba, y los símbolos que ya les eran familiares, integrándolos a un nuevo vocabulario y significado. Cuando en las catacumbas de Priscilla, en Roma, se encontró la imagen de un joven imberbe con un cordero a los hombros, podría haberse pensado que se trataba de un fresco de Hermes del siglo III, pero toda la iconografía que le rodeaba (con otros relatos bíblicos, o palomas) y el contexto donde se encontró permitieron identificarlo como una representación paleocristiana. Ahora no era Hermes Psicopompo quien estaba guiando las almas de los difuntos de esas catacumbas, sino Jesús. Un Jesús que, en este caso, no tenía barba, algo que hoy sería impensable.

Esto, que podría verse tal vez como apropiación de un símbolo, más bien nos habla de la creación de nuevos significados. A lo largo de estos siglos de la Antigüedad tardía seguimos viendo que la figura del pastor sirve a cristianos y a no cristianos por igual, con muy pocas diferencias en su estilo, pero lecturas diferentes.

VISUALIZA, VISUALIZA

Hay otras formas de acercarse al pasado. Por ejemplo, la etnografía estudia las culturas humanas o aspectos concretos de una cultura a través de la observación. En origen, aunque no siempre, estudia sociedades que llamamos *tradicionales:* aquellas cuyos modos de vida no se han industrializado.

Esta división entre tradicional y no tradicional es algo problemática, porque al final toda sociedad que podamos conocer hoy en día se ha visto afectada por lo que llamamos la *modernidad* (un término historiográfico para referirse a un proceso importante que ha implicado muchos cambios a nivel material e ideológico). En mayor o menor medida, todas las culturas que conocemos hoy han vivido o han interactuado con procesos de industrialización, colonialismo, globalización e integración en una economía capitalista, incluso por resistencia a ella. Pero la etnografía también estudia, por ejemplo, culturas urbanas, la cultura de bares, sectas y hasta grupos y fenómenos de internet como los *incels*.

¿Y cómo contribuye esto al conocimiento de la historia? Muchos estudios etnográficos nos han ayudado a comprender el comportamiento de ciertos grupos y culturas que hoy consideraríamos *históricas*. Por ejemplo, los primeros viajeros europeos intentaban describir y entender los sistemas de organización y modos de vida de grupos hoy desaparecidos, aunque lo hacían desde su propio punto de vista y, por tanto, con sus propios sesgos eurocéntricos, cuando no racistas. También el estudio de subculturas modernas, como las comunas *hippies* de los sesenta y setenta, puede ayudarnos a entender los movimientos sociales de esa época.

La etnografía es una herramienta que nos puede servir para apoyar también lagunas que no se pueden leer en otras fuentes. Para los arqueólogos, que muchas veces pecamos de ser bastante urbanitas, **la etnografía nos ha dado ejemplos de cómo se hacen cosas tan básicas como la cerámica, la ropa o los aperos de labranza —cosas que no dejamos de encontrarnos en los yacimientos— cuando no tienes a mano un Ikea**. Gracias a la etnografía podemos saber no solo cómo se hacen, sino además cómo se organizan los distintos pasos del proceso de fabricación dentro del grupo, qué valor se les da a estos productos o cómo están metidos en redes de intercambio.

La etnografía, además, no solo observa, sino que también recoge historias y fuentes orales, y nos permite comparar cómo se relacionan distintos aspectos de una sociedad. Por ejemplo, de qué forma pueden generarse discursos, rituales o costumbres en torno a maneras de hacer las cosas.

En las montañas del Atlas, en Marruecos, la producción de textiles recae en las mujeres, y aún hoy se continúan tejiendo patrones complejos que se enseñan entre mujeres. Las más experimentadas (que reciben el título *ma'allema*) son capaces ya no solo de reproducir patrones complejísimos con geometrías de brillantes colores en el telar simplemente de memoria: también son capaces de crear patrones nuevos. Esta capacidad les otorga una posición de gran respeto no solo entre las mujeres, sino también entre los hombres, y los productos de estas maestras tejedoras son altamente valorados, y fáciles de distinguir entre todos como obras de una artesana concreta. Esto, que podría parecer una anécdota colorida (juego de palabras intencionado), nos habla también del valor social de ciertas manufacturas, o de cómo un rol que tradicionalmente se ha considerado femenino e inferior en una sociedad patriarcal puede ser manipulado para conseguir un mayor estatus. Es decir, **gracias a la etnografía podemos ver más allá del simple objeto.** Y cuando echamos la vista atrás, podemos hacerlo con una perspectiva algo más abierta.

También podemos utilizar la etnografía para aproximarnos a periodos anteriores, buscando entender cómo funcionan sociedades tradicionales o premodernas, que viven en condiciones similares a las del contexto que queremos estudiar de hace siglos o milenios. Esto, que se llama *etnoarqueología,* se tiene que hacer con mucho cuidado, o corres el riesgo de dibujar paralelismos donde no los hay o perpetuar ideas de que las sociedades no cambian hasta que llega el mundo moderno.

No podemos usar el ejemplo de los telares marroquíes para entender cómo habría sido la vida de una tejedora en al-Ándalus, o la etnografía de las familias del medio rural castellano en el siglo XIX para hablar de cómo eran las familias de la zona de Soria hace dos mil años. Aunque se nos haya metido en la cabeza que «en el pueblo no pasa nada», o que la sociedad cambiaba muy lentamente hasta que se inventó internet, tu bisabuela no vivía igual que una mujer que viviera en Numancia antes, o después, de la conquista romana. En este sentido, la etnografía es una herramienta que, más que darnos respuestas concretas, nos puede ayudar a tener otras perspectivas de cómo funcionan sociedades que, para nosotros, pueden resultar ajenas o extrañas, si apoyamos estas perspectivas en otro tipo de fuentes.

¿CUÁL ERA LA PREGUNTA?

Hemos visto algunas de las herramientas y disciplinas con las que contamos para estudiar el pasado. No es una lista exhaustiva, pero es suficiente para entender que hay multitud de fuentes (escritas, materiales, visuales, orales), e incluso dentro de estas hay una gran diferencia entre la inmensa variedad de tipos (no es lo mismo un diario que una crónica, o una sentencia que una ley, por mucho que todas sean fuentes escritas). Cada tipo de fuente, con sus facetas particulares, arroja luz sobre una parte concreta de la realidad, pero, como puede verse, todas ellas componen bloques constructivos muy dispares.

Nuestra interpretación del pasado, en un mundo ideal, usaría muchos de estos bloques para entender la complejidad de los procesos históricos, distintos «hechos» y distintas perspectivas. Si quisiéramos entender, por ejemplo, la romanización de la península ibérica, necesitaríamos fuentes arqueológicas e históricas, los escritos de autores romanos o sus descripciones de la península y sus habitantes. Pero, principalmente, necesitaríamos explicar qué entendemos por romanización y cómo la detectamos en el registro, algo que trae de cabeza a los arqueólogos. Entonces entre todos estos bloques necesitamos algo que, al final, nos permita unirlos y construir lo que llamamos el *marco teórico*.

En todo este símil que he ido utilizando, el marco teórico sería la argamasa. Pero al igual que ocurre con la argamasa, no hay una receta única. **Cada investigador tiene su marco teórico y esto va a influir necesariamente en cómo lee las fuentes, qué preguntas les hace y qué respuestas obtiene.** El marco teórico suele partir de la teoría, o corrientes filosóficas, que haya leído y hayan formado al investigador.

> «Pure ideology and so on and so on»,
>
> Slavoj Žižek.

La historiografía marxista, por ejemplo, ve la historia como una lucha de clases, el conflicto en las relaciones materiales de los procesos de producción. Obviamente esto es una simplificación, porque la historiografía marxista ha tenido mucha andadura y muchas escuelas muy diferentes. La británica, por ejemplo, se ha centrado en estudiar el nacimiento del capitalismo y buscar «la historia desde abajo». Muchos historiadores marxistas han contribuido con sus estudios a investigar la Edad Moderna a través de cómo fueron surgiendo los mecanismos del sistema capitalista.

Por ejemplo, Peter Linebaugh estudió el papel que la privatización de los comunes tuvo a la hora de crear una masa social empobrecida en Inglaterra en el siglo XVII, que fue a engrosar las filas de marineros, colonos y piratas que, junto a esclavos, protagonizaron una serie de revueltas que marcaron la historia del Atlántico. Desde la historia de género, se han explorado facetas como el nacimiento de ideas de privacidad, o cómo las distintas formas de entender el cuerpo han condicionado lo que pensamos sobre qué es ser mujer o qué es ser hombre. Pero de todo esto hablaremos en el último bloque del libro.

Algunos de estos enfoques teóricos, por ejemplo, el de la historia positivista, pueden quedar anticuados o superados entre los investigadores, aunque en ocasiones queda algo que se sigue considerando útil con el paso del tiempo.

Lo que espero que se entienda es que las ideas previas del investigador van a marcar su enfoque. **Toda investigación comienza con una pregunta a la que se busca respuesta, y en función de esa pregunta, el investigador establecerá su metodología:** qué fuentes va a buscar, qué ideas va a perseguir y qué conceptos quiere explorar.

> Sin una pregunta previa,
> la investigación histórica
> no va a ninguna parte.

Esa pregunta (o preguntas) te marcan un camino, y esto significa que te condicionan. Es esa contraposición de teorías y conclusiones, en eternos debates académicos, lo que hace que avance el conocimiento del pasado, más allá de contraponer fechas y datos presuntamente asépticos y «objetivos». Algunas teorías parecen lo suficientemente fundamentadas como para resistir los embates de otras hipótesis y otras lecturas, o la aparición de nuevos datos arqueológicos. Otras no tienen tanta suerte y se derrumban.

Para entendernos: El caso de Pelayo y Covadonga

Vamos a poner en práctica todo esto que hemos estado hablando. Bajo este epígrafe tan general, hay dos conceptos que, para un español al menos, serán fáciles de identificar y tendrán una multitud de significados y valores asociados. A todos nos han contado la historia en el instituto. Pelayo, el primer rey de Asturias (que luego sería León, que luego sería Castilla, que luego sería España), sería el antepasado mítico de la monarquía española, y Covadonga, la batalla (o no) donde se frenó a los musulmanes y habría empezado la Reconquista. Al menos esa es la lectura que podríamos considerar tradicional.

Ahora bien, si quisiéramos investigar estos dos conceptos, habría muchas preguntas que plantear. Podríamos querer descubrir si realmente existió Pelayo; si era visigodo o hispano-romano; si era familiar de los reyes godos, si era siquiera un noble o si se trataba de un mero jefe local; si la batalla de Covadonga se dio y, en caso de que se diera, cuál fue su magnitud. O podríamos simplemente querer estudiar qué papel jugaron estos conceptos en el discurso de los reyes de León o en la «Reconquista». O cómo evolucionó su imagen a través de los siglos. O de qué forma la conmemoración de Covadonga jugó un papel en la construcción nacional española a finales del siglo XIX. O incluso cómo esta imagen es apropiada hoy por ciertos discursos políticos.

Todas estas preguntas (y otras tantas) son válidas, pero como investigadores, para cada una necesitaríamos fuentes distintas y enfoques. Así que vamos a acotarlo a: ¿quién fue Pelayo? ¿Existió la batalla de Covadonga? No son preguntas fáciles, y su respuesta, como veremos, puede que al final ni siquiera importe.

«A veces la realidad es irrelevante,
a veces hay que sacrificarla
en nombre de la fantasía»,

Esty Quesada.

Para empezar, deberíamos preguntarnos cómo conocemos estos eventos, y la respuesta sería que los conocemos principalmente a través de las fuentes escritas a partir del reinado de Alfonso III de Asturias (nacido unos ciento treinta años después de Covadonga), un rey que jugó un papel importante a la hora de consolidar el reino astur aplastando rebeliones internas y ataques externos. Este rey ordenó escribir al menos tres crónicas en las que se habla de un glorioso primer rey de Asturias, Pelayo, que derrotó a los musulmanes en Covadonga y consiguió así resistir y continuar el legado del reino visigodo de Toledo. Entre estas tres crónicas hay bastantes diferencias en los hechos narrados, tanto en formas y detalles como en el papel que tuvo la intervención divina en la victoria. En algunas fuentes, Pelayo es familiar del rey visigodo Rodrigo; en otras, miembro de su guardia real. Pero coinciden en tres elementos fundamentales: Pelayo era un godo, noble, refugiado en las montañas del norte; era un cristiano leal y participó en un gran enfrentamiento o sublevación que consiguió repeler a los musulmanes.

Visto esto, deberíamos contextualizar dichas fuentes para saber qué información dan y qué intenciones esconden. Se ha tendido a colocar la redacción de estas crónicas como uno de los primeros episodios del llamado *neogoticismo*, una corriente que buscaba presentar a los reinos del norte de la península como herederos del reino visigodo de Toledo para legitimarlos.

La monarquía astur, que había avanzado hacia el sur hasta conquistar León, buscaba un pasado grandioso sobre el que legitimar su poder. Para lograr no solo la obediencia de sus súbditos, sino también el apoyo de otras figuras poderosas, nobleza y clero, hacía falta un relato que vinculase al rey con algo mayor. No bastaba con ser los descendientes de un jefe local que había logrado imponerse sobre otros poderes locales gracias a la fuerza y la astucia. El relato tenía que incorporar nuevos elementos, como la intervención divina o la ascendencia visigoda, que diesen un aspecto casi providencial al rey. Un destino manifiesto y encarnado en la institución de la monarquía, que a la vez que explicaba el porqué de que estuviera allí, afianzaba su presente y le daba un objetivo para el futuro. A menudo se atribuye esta corriente neogótica a la inmigración de poblaciones mozárabes (cristianos que vivían en tierras musulmanas) desde al-Ándalus, en estas mismas décadas, durante un periodo en el que el emirato de Córdoba estaba pasando por ciertas crisis políticas, rebeliones y episodios de persecución religiosa.

Algunos de estos inmigrantes, pertenecientes al clero, traían consigo un bagaje cultural distinto al que había podido conservarse en el norte peninsular, sabían más de los reyes visigodos y aportaron ideas nuevas que encajaban con esta necesidad de legitimación de la monarquía astur. La corriente neogótica tuvo formas muy diversas, se fue transformando y empleando de distintas maneras por los diferentes reinos a medida que pasaban los siglos. Tuvo sus más y sus menos, pero algunos monarcas la usaron con más fuerza para legitimar su importancia en la península o sus guerras contra los poderes musulmanes, mientras que otros la ignoraron. Las modas las vemos hasta en los discursos de poder. Y en siglos más recientes ha servido a algunos autores para colocar la historia de al-Ándalus como una intrusa en el panorama histórico y la construcción de la nación. Pero eso es otro tema que nos alejaría de las preguntas planteadas.

Si vamos a leer estas fuentes debemos saber: ¿quiénes las escribieron? ¿En qué contexto? Bueno, la crónica Albeldense fue redactada por un monje llamado Vigila. Las otras dos son, en realidad, dos versiones de la misma crónica (la llamada *Crónica de Alfonso III*), una llamada *Rotense* y otra, *Sebastianense* u *Ovetense*. La segunda está escrita por el sobrino de Alfonso III, que era obispo. La primera, aunque no se sabe su autoría, pudo ser escrita por un laico, por la forma en que utiliza el latín, y algunos historiadores sugirieron que había sido redactada por el propio rey debido al uso de un plural mayestático en algunos párrafos. Otros sugieren que el rey no la redactó, pero sí supervisó muy de cerca la redacción del texto o hizo aportes. Es decir, en todos estos casos, estas crónicas surgieron de contextos cultos o cercanos a la élite, y con el objetivo de recoger la historia de una dinastía de reyes, escrita de acuerdo a cómo esos reyes se veían y se legitimaban. Por otro lado, muchos historiadores han señalado que seguramente hubo otras tantas versiones y crónicas durante el reinado de Alfonso III que no nos han llegado y que habrían sido parte del programa de este monarca por reivindicar la historia de su linaje.

Podemos estudiar también cómo eran las crónicas y textos reales previos a Alfonso III, donde encontramos menciones a Pelayo, pero no a su vínculo con los godos. Por ejemplo, durante el reinado de Alfonso II (algo más cercano a los hechos) son varias las menciones a Pelayo en el testamento del rey, donde se define el reino como astur, no como godo. Este rey también pudo ordenar la redacción de una crónica *Sobre el final de los reyes godos*, cuyo texto no se ha conservado y por tanto no conocemos salvo porque aparece referenciada en las crónicas del siglo siguiente que ya he mencionado. Tenemos también textos escritos en el siglo VIII, en contextos cristianos, como la famosa *Crónica mozárabe* del 754, o la cronología de los godos *(Ordo Gentis Gothorum)*, que hablan de que el reino visigodo había terminado, y no consideran relevante mencionar nada acerca de un núcleo de irreductibles en las montañas del norte. Muy diferente de lo que otros autores mozárabes escribirían cien años después en su huida al norte de la península.

¿Y del lado árabe? La cosa no mejora, porque las fuentes más tempranas que conservamos que se refieran al tema se redactaron en torno al año 1000, aunque contienen fragmentos de textos anteriores. Una de ellas es el texto *Akhbār Majmū'a (Colección de tradiciones)*, y entre los relatos de los reinados de emires y califas, habla de un rey llamado Belay que se refugió con sus hombres en los montes de Galicia (el nombre que daban estas fuentes a todo el noroeste peninsular), donde fueron continuamente atacados y acosados por las tropas musulmanas hasta que no quedaron más que treinta hombres, a los que decidieron dejar en paz, diciendo: «¿Qué pueden importar?». En esta fuente después se lamenta el orgullo de estos árabes, que abandonaron sus esfuerzos y despreciaron la amenaza que suponían los hombres que dejaban atrás, porque fue el germen de desgracias mayores que vendrían después. Se habla de Belay como un rey local, pero no se dice nada de su linaje.

Esas son (algunas de) las fuentes escritas. Por supuesto, se trata de aquellas a las que más se ha recurrido para resolver el asunto en cuestión, ya que las fuentes arqueológicas no tendrían mucho que aportar para responder a esta pregunta. Supuestamente los restos de Pelayo están enterrados en Covadonga, tras trasladarse sus huesos ahí en el reinado de Alfonso I (aunque esto es una leyenda para la que no hay pruebas), así que sería posible hacer un análisis de ADN de quien sea que esté ahí enterrado. Los resultados, si se pudieran comparar con los restos mortales de algún rey visigodo, podrían darnos una respuesta concluyente sobre quién fue su padre: sería un evento digno de *El Diario de Patricia.* Pero dado que es más que probable que quien esté enterrado ahí sea otra persona, no sabemos cómo se habrá conservado y no tenemos con qué compararlo, tendremos que aparcar el análisis arqueogenético.

Ahora, ¿hubo una batalla en Covadonga? La primera mención que tenemos por escrito se encuentra en las crónicas de Alfonso III, de nuevo unos ciento cincuenta años después de los hechos. Las versiones Ovetense y Rotense de las crónicas alfonsinas hablan de 187.000 musulmanes enviados para acabar con los pocos y bravos guerreros que se habían refugiado en la cueva de Onga y las montañas. De esta enorme tropa musulmana la mayor parte (unos 124.000) habrían muerto en la batalla, mientras que el resto, al batirse en retirada, fueron aplastados por la montaña por intervención divina.

Si nos deshacemos del elemento divino, podríamos pensar en un corrimiento de tierras, enteramente posible en una huida, que sepultase a los invasores, como en *Mulán,* de Disney. Estas cifras, sin embargo, llaman la atención. No hace falta ser muy escéptico para darse cuenta de que son exageradas y que un ejército de ese calibre no solo no es realista para la época y poco práctico para una escaramuza montañosa, ¡sino que probablemente ni siquiera hubiese cabido por el estrecho paso de Covadonga! Por otro lado, son números que recuerdan a algunos episodios bíblicos del Antiguo Testamento, donde también grandes ejércitos fueron castigados por la ira divina. Dado el contexto de élite laica o religiosa en el que se escribieron estas fuentes, no sería de extrañar que los autores estuvieran familiarizados con estos episodios y, de forma consciente o inconsciente, se inspirasen en ellos para dar un carácter épico y providencial a la batalla.

Las fuentes árabes, por otro lado, no precisan el lugar del enfrentamiento, y reducen enormemente sus cifras. Como ya hemos visto, la fuente más temprana en mencionarlo habla casi más de una persecución hasta dejarlos en un lugar perdido del monte, donde «treinta hombres» no suponían una amenaza, que de una verdadera batalla. Pero, en general, las fuentes árabes a partir del siglo XI son bastante consistentes a la hora de hablar de una sublevación y un enfrentamiento armado.

Por supuesto podríamos buscar fuentes arqueológicas. Porque el hecho es que, si de verdad se hubiera producido una batalla en la que hubieran fallecido más de cien mil soldados, probablemente se habrían encontrado numerosos artefactos de hierro, puntas de flecha o restos humanos en el área. La zona de Covadonga ha sido objeto de muchos proyectos de construcción desde el siglo XVII que han creado casi un parque temático en torno al evento y la salvación de España, pero en ninguno de estos proyectos parecieron encontrarse restos arqueológicos de ninguna gran batalla.

Podríamos decir, por tanto, que **es más que probable que sí, que hubiese un enfrentamiento armado en las montañas astures, pero la lógica nos lleva a concluir que fue algo más parecido a una escaramuza que a una batalla.** Sobre los elementos dramáticos añadidos en las crónicas alfonsíes, como aquel del obispo Oppas, hermano de Witiza y traidor que pedía al rey Pelayo que se rindiese, es bastante fácil asegurar que no se dieron.

El consenso actual entre los historiadores (aunque lo de que haya consenso es algo raro, pues el debate es lo que más gusta, ya que así avanza la investigación) es que probablemente se diese una escaramuza o un enfrentamiento con algunas tropas de castigo enviadas al norte de la península para recolectar tributo. La mayor parte de la península había sido conquistada a base de acuerdos y rendiciones, tras la desintegración de la monarquía visigoda en la batalla de Guadalete. Este enfrentamiento, tal vez mayor que otros que hubiera podido haber antes, pudo efectivamente darse en la zona del monte Auseva y habría alejado al poder islámico de perseguir un control efectivo en esa zona. Por lo que sí habría sido importante a la hora de asentar un núcleo de poder independiente.

Es más que probable que la leyenda de Covadonga recogida en las crónicas alfonsíes no fuese una invención del monarca, sino la puesta por escrito de una historia que se había ido transmitiendo de forma oral a lo largo de generaciones, agrandándose y contándose con distintas versiones. **Ya sabemos cómo son las leyendas urbanas, al fin y al cabo, y cada pueblo, como con las reglas del UNO, tiene su versión.** Alfonso III habría por tanto escogido elementos de distintas versiones, o añadido sus propios elementos, para crear una versión oficial de los «hechos», con elementos fantasiosos, cifras abultadas o la aparición de la providencia divina. En definitiva, un relato.

En cuanto a Pelayo, podemos decir que existió, como jefe o persona importante, que tuvo descendientes que pasaron a designarse reyes de la zona de Asturias. Eso con bastante certeza. Su nombre, recordado ya en tiempos de Alfonso II, probablemente incluso fuese Pelayo (bueno, como se pronunciase entonces). Que fuese un noble o un guerrero godo huido al norte parece mucho más difícil de afirmar, y actualmente los historiadores se inclinan más por decir que era un jefe o caudillo militar local.

El reino visigodo, pese a terminar controlando toda la península, no tuvo un control efectivo de las zonas más remotas de la cordillera cantábrica. A todas luces, incluso por su propio nombre (no germánico, sino latino), podríamos intuir que se trata de un jefe local astur, romanizado en cierto grado. El Imperio romano había caído siglos antes, y de su desintegración podemos encontrar distintos procesos y organizaciones sociales. Las fuentes más tempranas, en las que la ascendencia de Pelayo no buscaba engrandecer el linaje, no nos mencionan sus orígenes, o hablan de Pelayo como hijo de un tal Fáfila (nombre local que también daría a su hijo), de nuevo sugiriendo que lo de que estuviese continuando la estirpe visigoda del reino perdido de Toledo no fue más que una construcción posterior.

Ahora bien, estos debates, sobre el origen genético de Pelayo o las cifras que se habrían reunido en Covadonga, no suelen ser los que centran el debate académico hoy día, ya que se considera que, a grandes rasgos, se ha llegado a un consenso. Por otro lado, las respuestas que se pueden obtener teniendo en cuenta las fuentes disponibles no van a darnos mucha información relevante salvo que intentemos ir más allá. Nunca podremos saber a ciencia cierta cómo se desarrolló la batalla o qué lengua hablaba Pelayo. Y las respuestas que seamos capaces de dar se sostendrán poco, a no ser que repitamos lo que ya sabemos.

Es más interesante, en cambio, preguntarse por otros aspectos como ¿qué mecanismos utilizó Alfonso III en sus crónicas para ensalzar el poder real?, ¿dónde se inserta el origen local de Pelayo dentro de lo que conocemos de las sociedades locales de la cordillera cantábrica tras la caída del Imperio romano?, ¿qué papel jugó la figura de Pelayo a lo largo de la Baja Edad Media en el reino de Castilla?, ¿cómo se utiliza a Pelayo en la propaganda nacionalcatólica del siglo XX? Es decir, las otras preguntas que no hemos perseguido.

La relevancia de Pelayo y Covadonga no está, por tanto, en ellos como «hechos históricos», sino como narrativas o elementos en distintos relatos continuamente construidos, alterados o apropiados a lo largo de los siglos. Su historia no es la que es: es la que te han contado.

CAPÍTULO 2

DATOS Y FECHAS

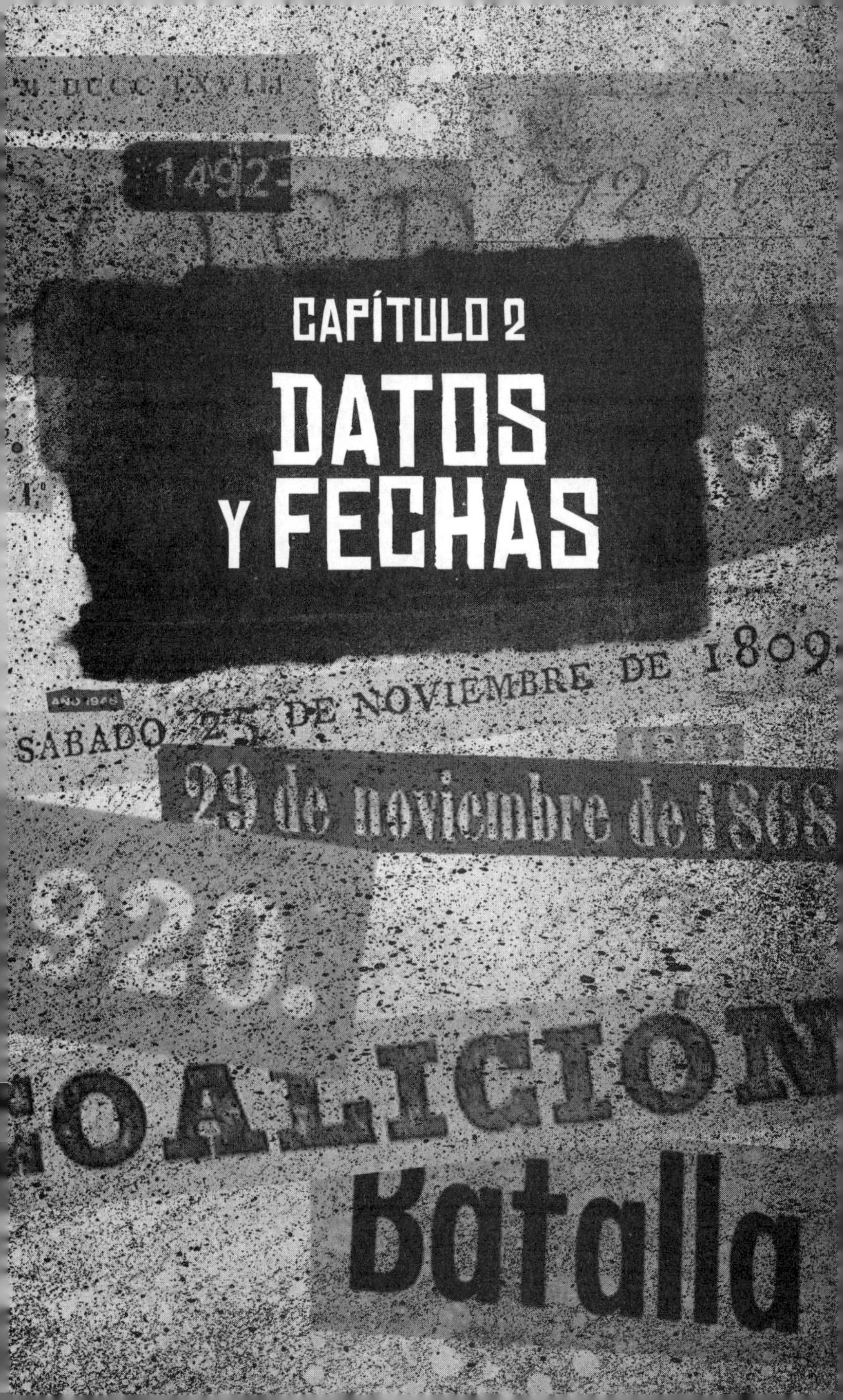

El 12 de octubre de 1492, Colón pisó América. El Imperio romano cayó en el año 476 d. C. La batalla de las Navas de Tolosa fue en 1212. ¿En qué año se firmó la Paz de Westfalia? Todo esto puedes memorizártelo, o puedes encontrarlo en internet de manera casi inmediata. En un mundo en el que tenemos acceso a información de manera constante, en la palma de nuestras manos, ¿cómo de necesario es aprenderse fechas concretas?

Bien, allá por los años treinta, hace ya casi cien años, unos historiadores franceses se preguntaban algo parecido. Por supuesto, en aquel entonces no había Google para consultar rápidamente una fecha específica, pero de todas formas surgía la misma pregunta. Marc Bloch y Lucien Febvre consideraban que estudiar los acontecimientos y los grandes individuos (aunque de eso hablaremos más adelante) no tenía mucho sentido. En su lugar, les interesaban más los procesos, de corta, media o larga duración (*longue durée* en francés), en los cuales podemos reconocer distintas estructuras sociales con unas características determinadas. Esta fue la llamada Escuela de los Annales, que marcó un antes y un después en el desarrollo de la historia como ciencia, y que ha tenido varias olas y generaciones.

Para esta escuela, **estas estructuras se reconocen cuando miramos a largo plazo, y al reconocerlas vemos que tienen tendencias y ciclos que se repiten.** Así, si miramos la historia de Europa a partir del siglo x veremos que la estructura feudal tiende a una tensión entre la fragmentación y la acumulación de herencias territoriales. En muchas ocasiones estas herencias territoriales pasan de una familia a otra, que acumulan títulos con jurisdicciones geográficas que se superponen unas a otras y que, a menudo, entran en conflicto.

Por ejemplo, cuando Juan I, rey de Inglaterra, heredó el ducado de Aquitania de parte de su madre, debía lealtad al rey de Francia en calidad de duque, pero era un igual a él como rey de su propio reino. Por no hablar de los conflictos que se producían en el sistema cuando la línea principal de la familia moría sin herederos y comenzaba el debate entre distintas ramas de primos lejanos que, en algún momento en el pasado, habían compartido sangre. Es decir, el propio sistema, por cómo estaba organizado, daba pie a ciertas situaciones o «eventos».

Lo importante, entonces, no sería la guerra de los Cien Años o las guerras de las Rosas, sino la estructura que hace que estas guerras y estos conflictos se den de manera cíclica. Esto no quiere decir que «la historia está condenada a repetirse» o refraneros similares: estas estructuras de larga duración tienen un inicio y un final, y entender sus mecanismos nos permite por tanto ir más allá de datos concretos.

Esto tuvo sus críticas, sus matices y sus problemas. La Escuela de los Annales subrayaba la importancia de esos procesos de larga duración, como la romanización o la feudalización, pero al hacerlo buscaba las grandes narrativas y tendía a volver estos sistemas uniformes, tratando de encontrar un arquetipo que explicara en qué consistía cada proceso. Y frente a estas características se mediría el éxito o el fracaso del resto. Pero los baremos empleados tienden a ignorar las particularidades de distintos contextos o cómo se manifiesta cada uno de esos fenómenos en distintas regiones.

Un ejemplo perfecto de esto es la nacionalización de los países europeos en el siglo XIX: el modelo se establece en el caso francés, donde el sistema educativo empujó hasta la extinción a otras lenguas regionales o se fortaleció el gobierno estatal central. Comparado con este arquetipo, otros procesos de nacionalización, como el de España, en esa misma época, se consideran «débiles» o fallidos. Pero esa idea de debilidad o fortaleza se establece en relación con aspectos concretos como la centralización o descentralización de poderes, que en realidad poco tiene que ver por sí sola con el éxito de una nacionalización. Para entender que esto no siempre es así, solo hace falta mirar a Estados Unidos: federal y descentralizado, pero con banderitas para todos.

Ahora bien, la Escuela de los Annales ha cambiado mucho a lo largo de las décadas, y estos procesos estructurales ya no se pintan con la misma brocha gorda. Pero aparte de una especie de confrontación entre datos o eventos (cerebro pequeño) y procesos (cerebro galaxia), merece la pena detenerse un momento para intentar entender qué hay detrás de las fechas, por qué algunas sobreviven en nuestro imaginario y... ¿realmente necesitamos aprenderlas?

¿QUÉ PAPEL CUMPLEN LAS FECHAS?

Bueno, dicho de manera simple, nos ayudan a situarnos y a fijarnos, a contextualizar. A saber qué está pasando no solo en el caso concreto de lo que podemos estar estudiando, sino también en los tiempos que rodean a ese momento. Podría sorprenderos la de veces que un historiador se especializa tanto en un periodo o contexto concreto que se olvida de lo que estaba pasando a la vez en otra parte del continente, o del mundo. Y tener eso en cuenta es de gran importancia.

Ya lo dijo Ernst Gombrich de forma poética: «Las fechas son los clavos indispensables para colgar el tapiz de la historia». Pero no nos olvidemos, **lo importante es el tapiz; de lo contrario, solo tendremos agujeros en la pared y una fianza que pagar.**

Una fijación con las fechas ha permitido del mismo modo descontextualizar eventos, convirtiéndolos en pedazos de la historia que pueden procesarse, e incluso venderse. De hecho, las fechas han cumplido un papel fundamental en la construcción de naciones y relatos nacionales, al reducir un proceso complejo, como puede ser una revolución como la francesa o la americana, o el propio «descubrimiento» de América, a un momento concreto, fijo y recurrente. Reducir un proceso gradual a una fecha, la búsqueda de hitos, crea eventos, «hechos» en los que se condensan una serie de valores.

El 4 de julio se firma la Declaración de Independencia de los Estados Unidos, y en esa fecha, que se repite todos los años, quedan enmarcados todos los valores de la revolución. Lo que pasara antes, o después; los primeros movimientos de insurrección, lo que llevó a la firma o las consecuencias que tuvo pasan a ser materias secundarias, en lugar de formar parte de un mismo proceso del cual la firma en sí fue solo un instante. Pero **al enmarcarlo todo en ese momento esta fecha puede celebrarse, no solo por sí misma, sino año tras año, como el evento que construyó la nación.**

«But wow, what a moment!
I will never forget»,

Whitney Houston.

Por otro lado, estas fechas nos hablan de «hechos», de cosas que, como hemos visto en el bloque anterior, ocurrieron con certeza. Y al celebrarlas cada año remarcamos esa certeza, cosa que ocurre con más fuerza incluso cuando no es un aniversario cualquiera, sino que se cumplen cincuenta, cien o quinientos años. Esos días conmemorativos nos permiten inscribir una serie de valores que, en su mayoría, son totalmente ajenos a las fechas históricas y a las personas que las protagonizaron hace siglos.

Un ejemplo de todos conocido: el 12 de octubre nadie en los navíos de Cristóbal Colón pensaba que habían «descubierto» América, ya que creían que habían llegado a las Indias. No sabían qué era la hispanidad, o que las tierras que habían pisado serían parte de un imperio global. Ni siquiera cuando volvieron a la península ibérica a informar a los Reyes Católicos quedaba muy claro qué estaba pasando. Y aun así es el día 12 de octubre el que en 1914 se eligió celebrar como Día de la Raza (rebautizado como Día de la Hispanidad en España unas décadas más tarde). ¿Por qué el 12 de octubre y no el 15 de marzo, cuando Colón volvió a Palos de la Frontera y se confirmó que su viaje no había sido un fracaso? ¿Por qué no el 3 de mayo de 1493, cuando se firmó la primera Bula Alejandrina, en la que el papa otorgaba a los reyes de Castilla dominio sobre las tierras halladas y por hallar? ¿O el 7 de junio de 1494, la firma del Tratado de Tordesillas, cuando el reino de Portugal y la Monarquía Hispánica se repartieron las zonas de conquista?

De hecho, Colón guardaba un diario de a bordo bastante meticuloso y aunque escribió de forma compulsiva el primer contacto..., lo hizo en la entrada del 11 de octubre. El diario continúa el día 13, donde describe a los habitantes de las islas y sus movimientos para buscar oro y piedras preciosas. Esto no ocurre porque nos hayan mentido, y todo este tiempo hemos estado celebrando la fecha que no era, sino por la forma de medir el tiempo en estos diarios. En alta mar el paso de un día al siguiente se marcaba al mediodía, cuando el sol estaba en su punto álgido, no a medianoche, por lo que la madrugada del 12, cuando se avistó tierra, aún correspondería en el diario al día 11. Pero la cuestión es que el 12 de octubre de 1492 Colón no tuvo nada que decir.

Incluso el año para conmemorar podría ser otro. No fue hasta 1501 que empezó a hablarse de que las tierras alcanzadas no eran parte de Asia, sino un nuevo mundo *(Novum Mundum),* de la mano de las exploraciones castellanas y portuguesas, con cosmógrafos como Américo Vespucio, o cortesanos como Pedro Mártir de Anglería. Y fue en 1507 cuando Martin Waldseemüller sugirió por primera vez que se llamase a estas tierras América, en honor a ese mismo Vespucio que había cartografiado la costa de Brasil y el Río de la Plata. El 29 de septiembre de 1513, Vasco Núñez de Balboa fue, se nos dice, el primer europeo en divisar el mar del Sur, pero llevaría muchos más años confirmar que ese mar del Sur era un océano, el Pacífico, que bordeaba todo el continente. Estas fechas podrían ser igualmente seleccionadas para hablar del «descubrimiento» de América, porque fueron todas importantes en la invención europea de América, es decir, en crear la idea de ese Nuevo Mundo, poblado y dispuesto para su evangelización y colonización.

Para la gente de finales del siglo xv y principios del xvi (al menos para los involucrados, pues la noticia de que había un nuevo continente con una población desconocida no llegó a la gran mayoría de los europeos de forma inmediata), este «descubrimiento» fue más una serie de eventos desordenados que una fecha determinada. **La propia idea de América en sí, o de la hispanidad, ha cambiado a lo largo de los siglos, de formas totalmente radicales, y hoy en día la palabra evoca cosas diametralmente distintas.** Para algunos es un exónimo colonial, un nombre dado desde fuera; para otros, una parte de una historia imperial gloriosa, o su lugar de procedencia. Incluso cuando dicen el nombre pueden estar imaginando cosas totalmente distintas, el propio continente o un país muy específico (más a menudo Estados Unidos). Muchas ideas asociadas a la conquista y colonización de América, como el mito del buen salvaje o la carga del hombre blanco, no se desarrollaron hasta siglos después.

Pero también la figura de Colón ha dado varios giros desde 1492. Colón estuvo lejos de ser un héroe en su propia época: tras la multitud de quejas de los hombres bajo el mando del marino genovés, los Reyes Católicos enviaron a Francisco de Bobadilla a las Antillas para supervisar qué estaba ocurriendo al otro lado del océano. Colón fue apresado, juzgado por tiranía y enviado de vuelta a la península. En Granada, él y sus hijos fueron recibidos con insultos y abucheos. Aunque se le permitió volver a viajar a las Indias (pues, recordemos, América aún no había sido inventada), se le condenó a no volver a pisar la isla de la Española, donde había gobernado. A su muerte fue enterrado en Valladolid y después trasladado a Sevilla por su hijo.

En algún punto desconocido entre 1530 y 1550, sus restos fueron trasladados a Santo Domingo, pero este traslado fue tan poco notorio que apenas nos han quedado pruebas que nos confirmen cuándo se hizo. Pero doscientos cincuenta años después, cuando Santo Domingo tuvo que cederse a los franceses, la imagen del marinero era otra: para el arzobispo de la isla, una de las prioridades era asegurar que sus restos se trasladasen de forma segura a La Habana. Colón era, para las élites criollas de las Américas, un símbolo que merecía la pena conservar y celebrar, aun cuando en Europa no significaba demasiado. Incluso **durante las independencias latinoamericanas, el legado de Colón se reclamaba con orgullo,** hasta el punto de que la República Dominicana sostenía (y sigue sosteniendo) que los restos del almirante en realidad se habían quedado en la isla, y los de La Habana eran de un don nadie. Colón incluso inspiró el nombre del primer gran proyecto unificador de Simón Bolívar, la Gran Colombia.

Hacia finales del siglo XIX, España se sumó con fuerza a esas reivindicaciones, sobre todo ante las revueltas de Cuba por la independencia y, finalmente con el desastre del 98. Al nicho donde estaba enterrado se le había añadido una urna conmemorativa a principios de siglo, pero ahora, en medio de las revueltas cubanas, se encargó un enorme monumento donde colocar sus cenizas. Más grande y mejor. El monumento estaba a medio hacer cuando Cuba se independizó. Mal *timing,* la verdad. Pero España hizo lo posible por negociar el traslado de los restos del almirante a la península, con todo el boato, y finalmente terminó el conjunto escultórico para decorar las cenizas, esta vez en Sevilla, aunque se debatieron otras opciones, como la mezquita de Córdoba o Granada.

Esto es un conflicto de memoria, esperable en todo pasado que se utiliza para reclamar ciertos valores. Y si bien para las élites criollas y las élites cercanas a los Borbones a finales del siglo XIX Colón era algo que reclamar como símbolo del pasado glorioso, como la persona que, al parecer por sí sola, había descubierto un continente entero y dado pie a «la Hispanidad», para las poblaciones nativas o para los afrodescendientes era la persona que, al parecer por sí sola también, había empezado el colonialismo.

APLAUDA AHORA

Pero volviendo a las fechas, estas se enmarcan como hitos casi siempre *a posteriori*. Y lo que consiguen a menudo no es tanto fijar un evento en el pasado (para contextualizarlo), sino anclarlo al presente (para descontextualizarlo).

En palabras de Trouillot, se crea un «repositorio fetichizado» de lo que, de otra forma, sería una lista interminable de sucesos desordenados.* Y en ocasiones es necesario, es la forma más asequible de entender un proceso complejo. La batalla de Covadonga marca supuestamente el inicio de la Reconquista, pero realmente esa «batalla» (ya hemos hablado de los problemas y las dudas al respecto) no fue el inicio de ninguna conquista, con o sin *re-*, para la gente que presenció el evento. Solo *a posteriori* se pudo buscar ese hito inaugural y crear en Covadonga un lugar que conmemorase y celebrase el suceso no por sí mismo, sino por los valores que representa para un grupo. Es mucho más difícil hacer eso cuando no tienes un año o un día que celebrar.

> «Una noche… de amor»,
>
> Bárbara Rey.

* Trouillot, 2017, p. 101.

Es decir, la historia eventual es una hecha para la conmemoración. Por eso no debe extrañarnos la obsesión de la historia positivista de la segunda mitad del siglo XIX, un momento en el que se están construyendo los relatos nacionales de la mayor parte de las potencias europeas, con las fechas. **Estas conmemoraciones, en símbolos y fechas concretas, simplifican el relato del pasado y, a menudo, lo ensalzan.** Se erigen estatuas ya no solo a reyes, sino a héroes o episodios nacionales que permiten ordenar el pasado de una manera en particular y crear rituales anuales en los que se refuerza esa visión concreta del pasado. **Reducen la complejidad de los procesos a momentos de una gran intensidad, momentos en los que el mundo —o el curso de la historia— presuntamente cambió, sin una trayectoria previa.**

En 1892, el Gobierno de España buscó una gran conmemoración del centenario del descubrimiento: invitando a dignatarios de todo el mundo, celebrando multitud de conferencias en el Ateneo de Madrid, y con desfiles en Madrid, Sevilla, La Habana y Manila. Incluso se hicieron réplicas de los barcos de Colón, que volvieron a navegar por el Atlántico. Cien años después, por el quinto centenario, la Expo de Sevilla y las Olimpiadas de Barcelona fueron mucho más allá en la conmemoración del evento. Pero si miramos atrás, ni 1592, ni 1692 ni 1792 vieron celebraciones del estilo. Porque la creación de la fecha tiene mucho que ver con la del homenaje, y el refuerzo, de una historia colectiva: en este caso de la nación.

Y aunque las vemos con más fanfarria cuando se trata de las historias nacionales, también hay fechas de resistencia, de relatos que intentan ir contra la hegemonía o de alzamientos populares. El 25 de abril se homenajea la liberación de Italia del fascismo, y en Portugal la Revolución de los Claveles, aunque los restos de estos regímenes dictatoriales no desaparecieran de la noche a la mañana.

El 1 de mayo celebramos el Día Internacional del Trabajador en homenaje a la huelga convocada en 1886 en Chicago para exigir la jornada laboral de ocho horas. Pero cuando el Congreso de la Segunda Internacional en 1889 eligió esa fecha, optó por el 1 de mayo, el inicio de ese evento histórico, en lugar del 4 del mismo mes, cuando en el momento más feroz de la huelga ocurrió la masacre de Haymarket. En este episodio, una bomba fue lanzada contra la policía que intentaba dispersar a los manifestantes.

A este evento siguió un juicio en el que ocho anarquistas fueron juzgados de forma bastante irregular, en busca de un chivo expiatorio. Siete de ellos fueron condenados a muerte, y por todo el mundo los movimientos obreros se alzaron en protesta, y dieron a los condenados el título de los Mártires de Chicago. Sin embargo, la fecha elegida tampoco fue el 11 de agosto, cuando se dictó la sentencia, ni el 11 de noviembre, cuando se les ejecutó (a cuatro de ellos, pues dos conmutaron la pena por cadena perpetua, y el restante, Louis Lingg, se suicidó en su celda). La huelga de 1886 de Chicago, aunque comenzó el día 1 de mayo, no habría alcanzado este peso en el movimiento obrero sin los eventos del día 4 (la masacre), o sin el juicio irregular posterior, o sin los hechos del 11 de agosto (condena) y de noviembre (ejecución).

Del mismo modo, una miríada de fechas podría haberse elegido, pero seleccionar una era necesario: **las fechas nos permiten anclar una serie de valores comunes y rememorarlos como comunidad, año tras año, renovando nuestro vínculo con el pasado (o con una versión de él).**

De hecho, cómo medimos el tiempo en sí tiene mucho que decir de cómo vemos la historia. Se dice a menudo, como dato curioso, que Cleopatra vivió más cerca del lanzamiento del primer iPhone (2007) que de la construcción de las pirámides de Giza (en torno al año 2500 a. C.). Y, sin embargo, pensamos en el Antiguo Egipto como una sociedad monolítica que en esos tres mil años apenas cambió y de la cual Cleopatra era el último eslabón de la cadena. Es por eso que ambos puntos nos resultan mucho más cercanos en el tiempo de lo que realmente fueron.

Sin embargo, dividimos el tiempo en años, medidos por las vueltas que da la Tierra alrededor del Sol, y los años en siglos, y los siglos en eras o edades. Algunas de estas edades duraron milenios, pero a ellas asociamos imágenes muy concretas. La Edad Media es oscura y tenebrosa, una era de persecución religiosa. Hablaremos más adelante de cómo esto no es así, pero lo importante es que esta división del flujo del tiempo en secciones nos ayuda a dar sentido a lo que, de otra forma, serían eventos sin orden, o cambios tan graduales que seríamos incapaces de detectarlos salvo con mucha atención. A estas divisiones asociamos una serie de imágenes estereotipadas que reducen todo el periodo a, tal vez, un momento concreto.

«Eh..., las ocho y media de la mañana, *dejarme* en paz»,

Belén Esteban.

Un caso más grave es cuando tratamos de extender estas periodizaciones a todo el mundo y hablamos, por ejemplo, de la Edad Media en China o Japón. O cuando hacemos la tradicional periodización de las tres edades, basada en el sistema de Thomsen, para dividir la prehistoria en: Piedra, Bronce y Hierro, de menos a más «avanzado». Esta división dio luego lugar a más subdivisiones: apareció la Edad de Cobre (o Calcolítico), la Edad de Piedra se dividió en Paleolítico y Neolítico, etcétera.

De nuevo nos encontramos con que estos periodos se crean *a posteriori,* en un contexto concreto y para describir unas características. Thomsen estaba pensando en la prehistoria europea, sobre todo, por lo que, si intentamos poner fechas de inicio y fin a estas edades, no podemos hacerlo de forma general. La Edad de Hierro, por ejemplo, terminó en Escandinavia en un momento en que el centro de Europa vivía ya en la Alta Edad Media, en la zona del Mediterráneo de hecho la Edad de Hierro habría terminado mil años antes con la irrupción de la escritura y el periodo histórico.

Al mismo tiempo, esta división no tiene ningún sentido para el continente americano, donde la metalurgia precolombina tuvo un desarrollo completamente distinto, con otras funciones sociales y económicas. En el África subsahariana no hubo Edad de Cobre o de Bronce, sino que la metalurgia comenzó por el hierro, probablemente unos mil quinientos años antes de lo que la vemos en Eurasia. Por eso incluso entender qué categorías utilizamos es importante, porque, aunque sin ellas es muy difícil hacer análisis, con ellas estamos acarreando una óptica concreta.

Es un caso más llamativo cuando estas periodizaciones, muchas heredadas del siglo XIX, crean las tres edades no como un progreso, sino como una campana: surgimiento, auge y decadencia. Preclásico, Clásico y Posclásico. Esta periodización es la que se utiliza, por ejemplo, en la historia precolombina. Para la historia de Mesoamérica, el periodo Clásico está definido por rasgos como la aparición de sociedades estatales con grandes centros urbanos, como Teotihuacán, y el auge de la cultura maya, mientras que el Posclásico es la disgregación de estos centros, con gobiernos más segmentados y regionales.

Este tipo de periodizaciones nacieron con una visión concreta, de etapas doradas y etapas de declive, de la misma forma que la Edad Media era el periodo de declive entre la Antigüedad y el apropiadamente llamado Renacimiento. Pero en este tipo de periodizaciones solo se consigue que los marcadores se definan en torno a unos rasgos «clásicos» a los cuales los otros periodos no llegan, ya sea porque les falta desarrollo (cuando seas padre comerás huevos) o porque han perdido su fuerza (¿qué te ha pasado? Tú antes molabas). En lugar de intentar entenderlos por sí mismos.

Tal vez mi aversión al fetiche de las fechas se deba a la deformación profesional. **En arqueología rara vez obtenemos fechas concretas como un año, y mucho menos un día.** En su lugar, tendemos a obtener **dataciones relativas,** por los artefactos que encontramos o, sobre todo, por **la estratigrafía: esta capa de tierra está por debajo, por lo que es más temprana;** este muro corta esta otra capa de tierra, por lo que se construyó después, etcétera.

La matriz de Harris es una herramienta que nos permite ordenar los distintos paquetes de tierras, muros, zanjas y alteraciones del yacimiento, y así hacernos una idea del desarrollo cronológico de ese pedazo de tierra. Cada capa de tierra, o corte de lo que había antes, o elemento de construcción, recibe el nombre de *unidad* (*estratigráfica* para las acumulaciones de

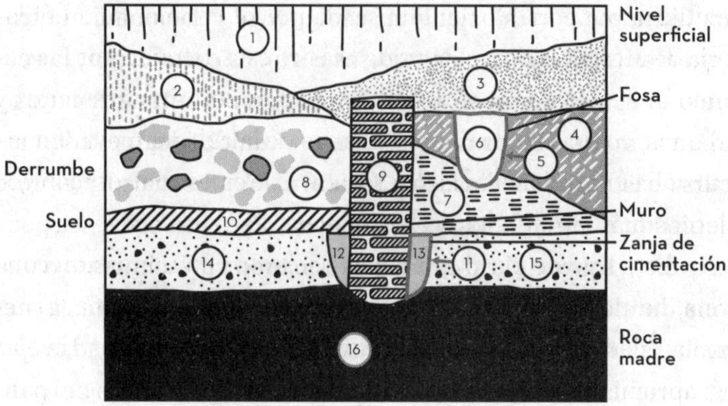

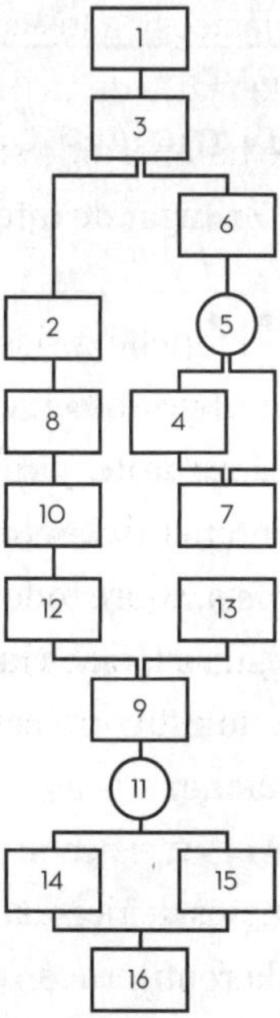

Matriz de Harris

sedimento, *constructiva* para los elementos edificados) o *interfaz* (para los cortes), tiene un código y se relaciona con otras unidades (está encima, debajo, las corta, es cortada por, las cubre o es cubierta por, etcétera), y esto nos permite ordenarlas y hacer la matriz. Estas matrices, en un mundo ideal, pueden resultar bastante sencillas, como cuentas en un collar: un estrato siguiendo al otro de manera ordenada. Pero eso suele ser poco frecuente, sobre todo si estás mirando todo un yacimiento o una zona donde los humanos han vivido mucho tiempo. Más a menudo, las matrices de Harris aparecen más enmarañadas que tus auriculares después de veinte minutos en el bolsillo del pantalón.

«Yo soy muy mayor: 689 años»,

Aramís Fuster.

Así, cuando sabemos de la datación de algo, suele ser más a nivel de siglo, o, si tenemos suerte, de décadas. Incluso cuando conocemos una fecha concreta, porque, pongamos, se ha encontrado una moneda con la fecha en la que se acuñó, esto solo nos habla de la fecha más antigua a la que nos podemos ir para datar ese estrato. Le damos un nombre en latín porque suena mejor: *terminus post quem*. Si esa moneda es del año 1312, el estrato no puede haberse formado en 1311. Pero sí puede haberse formado en todos los años, y siglos, posteriores, pues una costumbre muy humana es el reciclado y la reutilización de todo tipo de objetos. Las monedas, en concreto, pueden estar circulando incluso siglos después de su producción, a veces reconvertidas en abalorios, amuletos o botones.

Tal vez eso haya influido en mi manera de ver las fechas como siempre en relación con otros eventos. O tal vez sea mi mala memoria y mi vagancia a la hora de aprenderme números específicos. Nunca lo sabremos.

También hay, por supuesto, **dataciones absolutas** en arqueología, por las cuales conocemos la fecha en la que se produjo un estrato, o una cerámica, o se construyó una casa. Pero estas dataciones suelen tener algunos problemas. El primero de ellos es que estos medios suelen basarse en análisis químicos o físicos, en los que una muestra de sedimento, o de un artefacto, es enviada a un laboratorio para exponerse a una serie de pruebas, y por tanto son pruebas caras. El segundo es que para extraer estas muestras hay que tener mucho cuidado de no contaminarlas, incluso cuando se está excavando. Por ejemplo, si un arqueólogo excava un hogar, puede recoger una muestra de carbón para datarlo por carbono-14, siempre que la recoja con cuidado y sin tocarla. El tercer gran problema es que cualquier método no sirve para cualquier datación.

El carbono-14, que es uno de los métodos más conocidos y que mide la degradación del isótopo C-14, solo sirve para datar materia orgánica y tiene un límite máximo de sesenta mil años. Otros medios, como la termoluminiscencia, permiten datar la última vez que un objeto fue expuesto a calor (cuándo se coció una cerámica, o la última vez que se alumbró un hogar, o un nivel de incendio), con un límite de hasta quinientos mil años, aunque su fiabilidad en esos márgenes dependerá de la muestra. En cualquiera de los casos, por absolutas que sean estas dataciones, **los resultados de estos análisis no son una fecha, sino una horquilla de años en los que podemos decir, casi con seguridad, que se colocaría la datación.** Estos tramos suelen ser de varias décadas o siglos, dependiendo de la antigüedad de los materiales y el método.

Así que aun así seguimos sin ver fechas concretas, y tendemos a enmarcar lo que encontramos en el registro material como parte de procesos complejos y lentos. A veces, sobre todo para periodos más recientes, los podemos asociar a algún evento histórico.

Por ejemplo, cuando en la *maqbara* (cementerio islámico) de la plaza del Castillo (Pamplona) se dataron algunos de los restos humanos por AMS (Espectrometría de Masas con Acelerador. Y no, no me miréis, no soy científico), recibieron una horquilla entre el año 660 y 770 d. C. Obviamente, al saber por las fuentes escritas que la conquista islámica de Pamplona no se dio hasta el año 714, pudieron relacionar lo arqueológico y lo histórico y reducir el rango de fechas. En otros casos, un gran nivel de incendios y destrucción puede relacionarse con algún evento descrito en las fuentes. Pero estos casos no suelen ser tan abundantes.

Para entendernos: ¿Cuándo cayó el Imperio romano?

Si buscamos la fecha de la caída del Imperio romano en Occidente, se suele señalar el año 476 d. C., cuando el último emperador, apropiadamente llamado Rómulo Augústulo, fue depuesto y en su lugar Odoacro se erigió en rey de Italia. Técnicamente se llamaba Rómulo Augusto, y Augústulo ('pequeño Augusto') fue el mote que le dieron para decir que no tenía poder. Esta fecha sería, por tanto, cuando daría inicio la Edad Media, aunque obviamente en ese momento no lo sabían. Pero incluso en esto hay disputas, ya que aún quedaba vivo Julio Nepote, el emperador anterior al cual el padre de Rómulo Augústulo había depuesto.

Julio Nepote había sido reconocido como emperador por su «colega» el emperador en Oriente, mientras que Rómulo Augústulo no, y Nepote continuaba ostentando el título, así que el imperio continuó con vida en Occidente unos años más. Al menos hasta el 480, cuando fue misteriosamente asesinado en su villa. Se suele decir que Rómulo Augústulo fue el último emperador, aunque Nepote le sobreviviese con el título y tuviese el reconocimiento. Pero con dos nombres tan significativos para la historia de Roma, el de su fundador mítico y el del primer emperador, no debe sorprendernos que se haya preferido a este. Más fácil de recordar.

Es obvio que cuando hablamos de esta «caída» nos estamos refiriendo a la mitad occidental, pues el Imperio romano en Oriente sobrevivió un milenio más. Los historiadores lo llamarían después Imperio bizantino, pero no era así como se bautizaban estos emperadores que, aunque en vez de latín pasaron a usar griego, seguían viéndose como romanos. Sin embargo, la transformación del Imperio en Oriente, su helenización y esta supervivencia del referente étnico «romano» (o Rhomaion) es otro proceso largo, que merecería su propio análisis. Vamos a centrarnos en la parte occidental.

«¿A quién no le va a gustar un Imperio romano del siglo I?»,

Encarnita.

Todas estas intrigas palaciegas de asesinatos de emperadores, deposiciones, etcétera pueden servirnos para poner una fecha concreta, el 476 o el 480, a esa caída del imperio a nivel legal. Pero si queremos fechar la caída, vamos a obtener respuestas muy distintas según en qué términos lo estemos diciendo.

¿Estamos hablando de la caída del imperio como idea? Porque desapareció con el último emperador, pero en Oriente reclamaron ya para el siglo VI la reunificación imperial *de iure*, y a su vez la idea de otro emperador en Occidente reapareció unos siglos después, con la coronación imperial de Carlomagno, para ser reclamada como continuidad de Roma. Ficciones homeopáticas. Si le preguntaran a un romano del siglo I qué piensa del Sacro Imperio Romano Germánico probablemente le habría dado algo. Además, los saqueos de Roma en las décadas anteriores, sobre todo el realizado en el 410 por los visigodos, ya habían minado la idea de Roma como conquistadora del mundo en la mitad occidental del imperio.

¿Hablamos del Imperio romano como unidad política? Porque esta llevaba desintegrándose desde el siglo anterior, y para el 476 el territorio gobernado por el emperador se reducía a Italia, la costa del Adriático y el centro de la Galia, mientras que provincias como Britannia o Hispania habían sido o abandonadas o cedidas por pacto *(foedus)* a tribus como los visigodos. Y el título de emperador llevaba bastante tiempo siendo más una ínfula nominal que un cargo con un peso real.

¿Hablamos de Roma como potencia militar? Porque las antiguas unidades y legiones romanas llevaban décadas desaparecidas, sobre todo a medida que se perdía el control de provincias, y por tanto de los lugares de reclutamiento. **¿O del Imperio romano como potencia económica?** Porque, aunque vemos el declive del comercio en muchas zonas, en partes del Mediterráneo occidental continuó el intercambio entre lo que habían sido antiguas provincias, o la producción de tipos de cerámica y ánforas, productos «romanos». En este sentido, el Imperio romano habría seguido en pie al menos un siglo más. Si seguía produciéndose esa horrible salsa de pescado fermentado llamada *garum*, que condimentaba todos los platos romanos, yo creo que podemos seguir hablando de Roma.

¿Hablamos del Imperio romano como la entidad sociopolítica formada por ciudadanos romanos? Porque entonces la desintegración del aparato legal, fiscal o administrativo romano sería un proceso mucho más lento, sobre todo a nivel provincial. En zonas como Hispania seguiría habiendo ciudadanos romanos (hispanorromanos) regidos por su propio derecho, hasta el *Liber iudiciorum* de dos siglos más tarde, pero habría que explorar más a fondo en qué consistía la identidad romana en esos dos siglos de romanos sin imperio. Asgard no es un lugar, es su gente. Y la desaparición a lo largo de los siglos IV y sobre todo V de los poderes institucionales pudo facilitar, a la larga, la desintegración de tradiciones o modos de organización social que a veces llamamos *romanización*. Pero la *desromanización,* si lo llamásemos así, no sería tampoco un proceso lineal o coherente. Incluso hoy por hoy hay gente que considera que seguimos siendo romanos, y que Roma es eterna por elementos culturales que han sobrevivido (por ejemplo, que hablamos una lengua romance). Esto puede ser cierto si lo que consideras es un relato concreto, una herencia específica, y rechazas las otras, más que por la supervivencia de ningún elemento «esencialmente» romano.

El problema de intentar fechar un fenómeno tan general es que requiere concebirlo como un evento casi cataclísmico, en lugar de un proceso gradual y con muchas facetas. Si cae la mayor potencia del Mediterráneo, pero es a lo largo de tanto tiempo que nadie lo escucha, ¿realmente ha caído? Así pues, la caída en sí, el evento, pasa a tener importancia, y esto ha jugado un papel después al intentar señalar quién tuvo la culpa. Si es un evento cataclísmico, tuvo que tener una causa concreta. ¿Cómo pudo el mayor imperio caer de repente? ¿Por qué cayó Roma?

La respuesta a esta pregunta suele decir más del historiador que del proceso en sí: para Edward Gibbon fue la adopción del cristianismo lo que causó la caída de Roma; igual que para algunos cristianos en la Edad Media la culpa había sido la inmoralidad pagana de los bárbaros; para el historiador ruso Rostovtzeff, exiliado durante la Revolución rusa de 1917, Roma cayó por la revuelta de los ejércitos campesinos contra las élites. Y para gente que no sabe mucho de historia, como Jesús Huerta de Soto, fue el socialismo lo que acabó con Roma.

Pero si fijamos la atención en los efectos materiales, lo que presenciamos no es una caída inmediata de Roma a nivel general, ni siquiera en la propia urbe, sino su transformación (que obviamente, según las métricas que utilicemos, podría llamarse *declive*). Por ejemplo, muchas ciudades siguieron habitadas, pero las instituciones y espacios públicos decayeron, por lo que zonas como el foro se convirtieron en talleres para la producción de metales, vidrio o cerámica en vez de ser estrictamente para el comercio. Esto ocurrió en la misma Roma, donde los foros imperiales se transformaron en zonas de residencia y de producción. Esto se debe en gran parte a la interrupción de algunas vías comerciales, pues había necesidad de una producción más local, pero también a la paulatina desaparición de una Administración pública, que regulaba el uso de estos espacios. De nuevo, todo esto varía mucho en función de la provincia o región en la que nos fijemos, así que tomaré un par de ellas como ejemplo: las provincias de Mauretania y África (que formaban lo que hoy día sería el Magreb).

La provincia de África, sobre todo en la zona que hoy día ocupa Túnez, era una de las más densamente urbanizadas. Uno de los emperadores de Roma, Septimio Severo, fundador de su propia dinastía, había sido originario de esta provincia, de ascendencia romana y púnico-bereber. Con la división del imperio en dos mitades, tanto Mauretania como África continuaron bajo gobierno del emperador en Occidente. Durante las llamadas *invasiones bárbaras,* tribus y grupos del norte de Europa se habían asentado en distintas provincias romanas, haciéndose con el control por la fuerza o a través de pactos.

Este periodo se conoce también como el de las grandes migraciones, ya que entre estos siglos vemos el movimiento hacia el sur de muchas tribus nómadas, posiblemente por una bajada de la temperatura media, que impulsó a muchos grupos a buscar zonas más templadas. Estas migraciones desestabilizaron no solo el Imperio romano: también la China de la dinastía Han o incluso el reino Gupta, en la India. Uno de estos grupos, los vándalos, cruzó el estrecho de Gibraltar e invadió el norte de África en el 429, pasando primero por Mauretania (el actual Marruecos) y asentándose finalmente en la zona de la antigua Cartago, en la costa tunecina, donde crearon su propio reino. Los arqueólogos han encontrado niveles de destrucción en ciudades como Tingi o Zilil, fechados a principios del siglo V, que podrían corresponderse a un saqueo violento por parte de los vándalos. No por nada utilizamos la palabra *vandalizar*.

A nivel económico, aunque la invasión del 429 destruyó algunos centros y provocó una interrupción momentánea en otros, la producción de cerámica típicamente romana, como la famosísima *terra sigillata*, continuó. De hecho, para algunos historiadores es difícil sostener que el siglo V fuese uno de declive en general: aparecen nuevos asentamientos suburbanos, nuevos centros religiosos y políticos tanto en la zona vándala como en la que volvió al control del emperador. El antiguo puerto de Cartago se reactivó, y la antigua provincia de África (ahora un reino independiente) no dejó de ser importante en las redes de comercio a través del Mediterráneo. Pero otros centros urbanos previos, como Lixus, desaparecen de las fuentes y parecen reducirse a una producción más local.

Políticamente hablando, podríamos tal vez decir que en África el Imperio romano cayó en el 429, pero si nos paramos a estudiarlo en profundidad, comprobamos que no es así: por un lado, Mauretania volvió a manos del emperador en el año 442 por medio de un tratado, en el que se reconocía el reino vándalo y se le cedían otros territorios en la zona de Túnez y Argelia.

Incluso después del 476, Justiniano (re)conquistaría zonas de Mauretania y todo el reino vándalo en su intento de renovar el Imperio romano. Se conquistaron algunas plazas como Ceuta o Volubilis, donde la presencia romana (bizantina) era mayor, pero fuera de estos puntos queda en duda cómo se veían a sí mismos los habitantes de la zona. El asentamiento en algunas de estas ciudades cambió de forma visible, concentrándose en zonas específicas, donde también se asentaron grupos nuevos, que crearon en muchos casos sus propios reinos, como el de Altava o el de Ouarsenis, con culturas locales que tenían elementos «romanos» y elementos propios (a menudo agrupados como «bereberes»). Por ejemplo, encontramos grandes mausoleos reales, que nos hablan de gente poderosa enterrándose de manera característica, pero estos reyes seguían ritos cristianos y utilizaban inscripciones en distintos idiomas, incluyendo también latín y griego.

De forma similar a lo que vemos en el reino visigodo, algunos historiadores han sugerido que a medida que el poder romano desaparecía de una zona, aparecían «reinos duales». Lo que vemos en el norte de África sería otro ejemplo de lo mismo. En estos reinos duales, distintos grupos nómadas se verían beneficiados por la desintegración de un imperio, y pasarían a gobernar la zona como monarcas de dos comunidades: la que ya vivía ahí y la que traían consigo. En este caso, *gentium maurorum et romanorum*, moros y romanos. En estos territorios habría comunidades romanizadas coexistiendo con grupos de pastores trashumantes que se verían no como romanos, sino como miembros de sus propias tribus.

Y, aun así, aunque podemos hablar de dos comunidades, no debemos pensar en ello como una dicotomía, como si los romanos hubieran vivido en las ciudades y los bereberes en las zonas remotas o rurales. Muchos de estos romanos eran descendientes de gentes que unos siglos antes se identificaban como *mauri,* como moros. La identidad romana en el norte de África ya tenía elementos bereberes previos y algunas tribus bereberes estaban muy romanizadas. Y entre los siglos V y VI vemos que continúan apareciendo inscripciones en latín en zonas rurales, sobre todo asociadas al culto a santos cristianos. Estos nuevos reinos locales, por otro lado, utilizaban elementos como el cristianismo, o el latín, para negociar su poder y controlar a sus súbditos, adaptando su lenguaje al grupo al que se dirigían. Es decir, más que una desaparición, o supervivencia, de la cultura romana, lo que vemos es un caleidoscopio de distintos influjos, vándalos, bereberes, romanos, que se adaptan y renegocian según la situación.

Así, ¿cuándo desaparece Roma del norte de África? Pues no podemos poner una fecha. **Tal vez no podemos hablar de**

que Roma cayó si vemos que los nuevos reinos locales siguen haciendo uso de elementos romanos para la administración de, al menos, parte de su población, aunque desde luego el Imperio romano era poco más que una ficción para entonces.

Tal vez el problema no está tanto en que no encontramos respuestas concretas, sino en cómo nos planteamos la pregunta.

Las culturas son mucho más plásticas, y diversas, de lo que podríamos considerar. No podemos tratarlas como bloques concretos con unos perfiles definidos y duros, a partir de los cuales ya se es o no se es de esa cultura. Una cultura tampoco es un árbol con unas raíces definidas, sino que continuamente se redefine y renegocia, desde el exterior o desde el interior, con la selección de algunos elementos. Para algunos, el hecho de que tengamos ciudades con aceras es prueba de lo que han hecho los romanos por nosotros. Pero, **aunque no desapareció de la noche a la mañana, Roma no es eterna.** Su nombre y el imperio volvieron a invocarse durante la Edad Media en algunos momentos, pero de la misma forma que se reclamaban como idea, otros reinos los rechazaban.

El Imperio romano desapareció, como otras tantas entidades y estados, y aunque a nivel nominal tal vez podamos decir que fue entre el 476 y el 480 (según el emperador que elijamos), la deposición de tal o cual emperador afectó a mucha menos gente que los cien años anteriores, o los cien años siguientes, en los que esas lógicas más o menos coherentes que podríamos llamar la *romanidad* fueron reintegrándose en nuevas relaciones, como parte de nuevos reinos. Dos siglos después de la invasión vándala, la conquista islámica del norte de África introdujo otros influjos culturales que llamamos *arabización* e *islamización*. Estos influjos tampoco hicieron borrón y cuenta nueva de lo que hubiera previamente, de esas partes romanas, bereberes o incluso vándalas, pero la idea de Roma dejaría de tener importancia en los discursos de los nuevos dirigentes de esta región.

Al ver la historia de forma más fluida, las fechas, aunque no desaparecen, se vuelven menos importantes.

A lo mejor nos ayudan a no perdernos en esta fluidez, como el panel de madera que salva a Rose al final de *Titanic*, pero si nos quedamos en ellas no vamos a descubrir qué estaba pasando por debajo.

CAPÍTULO 3

¡QUE LES DEN A LOS «GRANDES HOMBRES»!

El título de este capítulo nos puede parecer, como dirían algunos, algo misándrico. Pero no os alarméis, también lo aplicaría a las grandes mujeres si no fuera porque de ellas solemos saber muy poco. Leer la historia en femenino es un ejercicio fundamental para corregir largos siglos de borrado y omisiones: al fin y al cabo, seguimos entendiendo el sujeto histórico neutro como masculino. Pero de esto hablaremos más adelante.

No, no digo esto porque mi intención aquí sea buscar a las grandes mujeres, algo que otras autoras han hecho antes y mejor de lo que podría hacerlo yo, seguro, sino porque quiero rechazar esa narrativa de las grandes personalidades como motor de la historia.

Esta idea no nos debería extrañar, nos la inculcan desde los propios libros de texto de la escuela. Y es, hasta cierto punto, normal: si la historia se ha construido desde el poder, si la mayor parte de las fuentes con las que hemos contado hasta hace poco han sido escritas por o para quienes mandaban, es lógico que tendamos a fijarnos en la cima de la pirámide y que veamos en estas personas a quienes mueven la maquinaria.

> Podríamos pensar que es el maquinista el que hace que se mueva el tren, pero no puedes tener maquinista sin vías, sin engranajes, sin palancas y sin combustible.

Esta idea de la sucesión de reyes que individualmente determinan el destino de cada entidad política, o la historia como una sucesión de guerras libradas por los peones ordenados por cada líder a un lado y otro del tablero puede estar ya bastante superada, o eso queremos pensar. Pero **seguimos viendo libros que resumen la historia de un país en reinados, o que toman como hilo conductor las dinastías reales** (la España de los Austrias, la España de los Borbones...). Muchos de estos periodos los conocemos con nombres derivados de la dinastía o el régimen imperante, y son las denominaciones que utilizamos tanto en el lenguaje coloquial como en el académico, aunque solo sea para aclarar un marco cronológico como la Inglaterra victoriana. No es casualidad que los videojuegos de estrategia te pongan a menudo en la piel de un monarca inmortal *(Civilization, Age of Empires)* o de una dinastía *(Crusader Kings)* que tiene el control y la responsabilidad total sobre el éxito o el fracaso de una facción, o que asociemos a ciertas dinastías y reyes los momentos de auge y de decadencia de países e imperios. Quiero que nos detengamos un momento a pensar en las implicaciones de esto. Pero antes de analizar las implicaciones, o de buscar alternativas, tenemos que entender por qué nos hemos encariñado con este modelo.

La arqueóloga Almudena Hernando estudió el papel de la individualidad y la identidad individual (frente a la identidad relacional) en la creación del sujeto moderno. Cuenta Almudena que la mayor complejidad y estratificación social a partir de la Edad del Bronce, el control mayor del entorno, de los metales, de saber cuándo va a llover o cómo funciona la irrigación permitió un cierto sentido de distinción de unos sobre otros: los artesanos frente a los agricultores, las élites sobre las masas. Pero fue a partir del desarrollo y extensión de la escritura que esa distinción se convirtió en pensamiento abstracto, en abstraer la razón del plano de las relaciones sociales.

Es entonces cuando se empieza a reconocer la idea del *yo* de forma aislada, más que como alguien que solo se define por sus relaciones. Dejar de ser José, el hijo de la Paqui, del pueblo, el vecino de Genaro; y pasar a ser José, el arquitecto, definido por sí mismo y por su trabajo. **Desde esta perspectiva, el nacimiento de la historia estaría asociado, irremediablemente, con el nacimiento de la individualidad.** Podríamos discutir hasta qué punto hay una correlación total entre lo uno y lo otro, pero sí vemos indicios de ello. Las primeras fuentes escritas son administrativas: cuántas fanegas entran y salen del granero del templo para que luego la autoridad las distribuya entre quienes no cultivan, pero cumplen otras funciones (por ejemplo, haciendo herramientas de bronce para el que manda).

De cerca les siguen los escritos destinados a conmemorar ese orden, a justificar por qué esa autoridad es legítima. A menudo, por supuesto, acompañadas de imágenes más fáciles de interpretar, pues la mayor parte de la población no sabría leer, pero sí identificar la imagen del soberano. Son las estelas conmemorativas del rey, o las estatuas del faraón, o el líder de turno, que celebran sus hazañas y cómo han controlado su entorno y son favorecidos por los dioses, o puede que incluso divinos. Por ejemplo, la famosa estela de Naram-Sin, hecha hace más de cuatro mil años, nos muestra al rey acadio aplastando a sus enemigos y posicionado encima de sus propios hombres, más grande que el resto, con un casco con cuernos, símbolo reservado a los dioses.

En Europa occidental, incluso se pasó a defender el poder absoluto del individuo más allá de los dioses o de la providencia. Durante la Edad Media, reyes y papas le debían su poder a la providencia divina, pero esto no se mantuvo siempre así. Esto es, a lo largo de la Edad Moderna, se empezó a crear la imagen del ser humano como un individuo, en lugar de como el resultado de muchas relaciones con su entorno (social y físico, pero también espiritual o divino).

El individuo es el ente autosuficiente, un término que procede del latín para referirse a cosas indivisibles. Aunque ahora pensemos en los individuos como personas, este uso solo se consolidó a partir del siglo XVII. **La fantasía del hombre —y suele ser hombre— brillante y hecho a sí mismo, el genio, sigue resonando no solo a la hora de hablar de grandes figuras del pasado como Naram-Sin, o Napoleón; la hemos modernizado con los Steve Jobs, Elon Musk, Bill Gates...** A lo sumo, al ente individual se le puede añadir el pequeño garaje donde empezó su andadura. Pero son grandes hombres que cambiaron el mundo únicamente con el uso de sus propias facultades, dignos de admiración.

> «Que adoro al hombre no hay ni que decir, pero todos juntos son inaguantables»,
>
> Señora Banks.

Dado que no soy psicólogo, intentaré no buscar razones psicoanalíticas a este afán de refugio en las grandes figuras paternas de las que se asume un grado de control y poder. Tal vez todos buscamos un *daddy,* histórico o presente. O tal vez nos sea más fácil anclar los procesos en figuras concretas para hacerlos más simples. Pero lo que parece estar claro es que esta individualidad, como bien indica la propia Almudena Hernando en el título de su ensayo, es una fantasía.* Dependemos del grupo, de nuestras relaciones, de lo que otras personas hacen, de cómo nos cuidan, del clima o de intereses contrapuestos.

Incluso grandes monarcas como Felipe II, considerado por muchos el mayor monarca de la historia española y alguien que definió la historia de España y de Europa, tomaron decisiones no solo movidos por sus deseos y voluntades internas, sino por presiones externas, los intereses de otros agentes, o factores naturales que escapaban totalmente de su control. Felipe II tuvo que convertir la deuda de la Corona en rentas del Estado (los llamados *juros*), algo que permitió que los banqueros genoveses revendieran esos *juros* para sacar beneficio. Unos quince años más tarde, Felipe II se vio obligado a permitir que los banqueros genoveses pudiesen exportar sus beneficios en metales preciosos y dinero. Esto tuvo, según algunos estudiosos, como Joseph Pérez,

* Hernando, 2018.

enormes consecuencias a corto y largo plazo: antes los banqueros solo podían exportar los beneficios comprando mercancías (lana, vino...), lo cual incentivaba el consumo de productos agrarios castellanos, pero tras esto ya no hacía falta comprar nada, sino que se podía sacar el beneficio en oro y plata directamente. Esto afectaría a la demanda y a la producción en Castilla, que se desplomó, y habría definido la evolución de la economía castellana en el siglo siguiente.

También en el famoso fracaso de la Felicísima Armada (o Armada Invencible) hay un debate sobre cuáles fueron las causas que intervinieron en la derrota de Felipe II. El mal clima fue un factor muy importante, pero también el tipo de ofensiva planeada, que dificultó la maniobra, las líneas de abastecimiento, la escasa formación de los tripulantes que habían sido reclutados...

Estos no son únicamente contratiempos ante los cuales se tiene que enfrentar el rey, adversidades contra las que luchar para imponer su voluntad. Son tan parte del proceso histórico como la decisión tomada y firmada en un edicto real. Además, esas órdenes en los edictos a menudo se rompen, o la gente las reinterpreta creativamente según sus intereses. Por ejemplo, cuando en 1542 las Leyes Nuevas prohibieron la esclavitud de indios y ordenaron que se liberasen a aquellos que habían sido esclavizados de forma ilegal, muchos esclavistas de la Corona simplemente cambiaron el destino de sus ventas, de Sevilla a Lisboa. Y desde ese mercado, muchos esclavos indios acabaron igualmente en Castilla.

Esto significa que tenemos una multitud de factores, humanos y no humanos, orgánicos e inorgánicos, que se afectan los unos a los otros, se interrelacionan y dan resultados impredecibles. Nos interesamos por las biografías de los grandes hombres, grandes artistas, porque nos parecen fascinantes, y muchas lo son, pero no debemos caer en la falsa comodidad de creer que lo que hicieron fue resultado únicamente de su genialidad o de rasgos de su personalidad, como ser cruel, ambicioso o prudente. **Nos gusta poner sobrenombres a los reyes, para definirlos con una palabra que resuma si fueron buenos o malos, virtuosos o no, pero lo que mueve la historia no son los grandes hombres: es la gente común.** El estar en la cima puede darte más capacidad de afectar a otros elementos de todo ese complejo sistema que llamamos *país, reino* o *Estado,* pero incluso ellos son el resultado de las relaciones con su entorno. Felipe II poco habría podido reinar sin sirvientes que cuidasen el palacio del Escorial, que le obedeciesen, que reinterpretasen sus órdenes según lo que les conviniese, o que se rebelasen.

Tampoco debemos olvidar las tendencias y procesos históricos que exceden la capacidad de un único individuo, y que nos moldean. Hay cierta validez en estudiar rasgos generales compartidos por algunas generaciones. Decir que los *millennials* hemos sido afectados por las crisis económicas que hemos vivido, o por el periodo de nacimiento de las nuevas tecnologías y las redes sociales, de forma distinta a la generación anterior o posterior, no significa caer en un determinismo —una especie de horóscopo que determina cómo vas a ser por las circunstancias de tu nacimiento—, siempre y cuando tengamos en cuenta el contexto de las fuentes, el contexto de los individuos..., que no son tan individuos, al final, sino, como diría la antropóloga Marilyn Strathern en su estudio de la Melanesia,* «dividuos», compuestos de relaciones.

* Strathern, 1988.

Voy a dejarme de tanta reflexión filosófica (importantísimas para estudiar la historia, como ya hemos visto) y explicar esto con un ejemplo bastante absurdo, un ejercicio moral que a veces se ha planteado en series y películas: **si tuvieras una máquina del tiempo, ¿viajarías atrás y matarías a Hitler siendo un niño, antes de que pudiera hacer ningún mal?**

Más allá del dilema moral, lo que planteo aquí es que la decisión da igual. Los procesos sociales y políticos en marcha en la Europa de entreguerras no se pueden achacar a un individuo, ni siquiera a un grupo pequeño de individuos. Es enteramente posible que, tras tu primer viaje en el tiempo a la Alemania de finales del siglo XIX para matar a Hitler siendo un niño, tuvieras que hacer otro para acabar con Goebbels, o con el siguiente que fuese a tomar su lugar y movilizar el descontento social en Alemania hacia el antisemitismo y un totalitarismo expansionista.

Tal vez pudieras cambiar el resultado si lograses convencer a los vencedores de la Primera Guerra Mundial de no imponer unas deudas tan duras sobre Alemania que habrían de debilitar las bases sociales de la República de Weimar. Pero estas personas tampoco tomaron la decisión simplemente por voluntad propia e individual, sino por las presiones políticas de sus apoyos, que querían ver a los vencidos pagar las consecuencias. Hay tal enredo de causas, de consecuencias, de factores y de agentes con intenciones distintas que por eso un historiador dedica su vida entera al estudio de un periodo, o un fenómeno, o una idea en concreto.

Tal vez pensamos que la historia depende de los grandes individuos porque la alternativa, tal y como he planteado, sería que el transcurso de la historia es inevitable. Nos gusta pensar que estamos en control de las circunstancias. Querer es poder. Pero no es eso lo que estoy diciendo: efectivamente, este ejercicio no es para defender un determinismo, que hay un proceso en marcha que no podemos alterar y que todo es consecuencia de todo lo demás. Al contrario, hay circunstancias y procesos que son enormes, pero que no solo nos afectan, sino a los que también les afectamos.

Tenemos una capacidad de actuar dadas las circunstancias, y en todo momento tenemos margen de acción, mayor o menor. La capacidad de afectar puede ser mayor en un monarca que en un campesino. Pero también el conjunto de otros cuerpos, otras personas, otros seres que nos rodean puede coartar esta capacidad, a menudo de formas que no somos conscientes. Funcionamos a través de relaciones con nuestro entorno, social o físico, y por tanto es inevitable que respondamos a él, y que, en estas respuestas, intervengamos en él.

> «¿Quieres salir del armario?
> Querer es poder: sal»,
>
> Ana Guerra.

Es decir, la historia no está prescrita, sino que la escribimos entre tantos que puede que parezcamos insignificantes. Y puede darnos puro vértigo querer investigar la complejidad de todos estos procesos, de estas acciones e intereses, por lo que hemos caído en centrarnos en los que escriben en negrita y subrayador: los grandes personajes.

Como podéis ver, hay muchas posibles causas para explicar por qué nos hemos centrado en los grandes personajes. Así que toca entender las implicaciones de esto.

L'HISTOIRE, C'EST MOI

Hace muchos años, se nos dice, en los colegios de España se aprendía la lista de los reyes godos; en Reino Unido, la de los reyes de Inglaterra desde Guillermo el Conquistador hasta Isabel II, y en Estados Unidos, la de los presidentes. Estos no solo son ejercicios de memoria o muestras de cuando la historia se enseñaba a base de memorizar fechas y nombres. En muchos casos también cumplen una función elemental a la hora de legitimar y dar sentido a una visión concreta del pasado y del presente: la larga cadena de hechos que nos ha llevado hasta donde estamos y que está representada en esas figuras a la cabeza. Que el Estado, el país donde vivimos, cobra sentido por esa lista que ha conseguido transferir el poder de uno a otro durante siglos, algo que sin duda da peso y legitimidad a todo el sistema.

Ver la historia como la sucesión de grandes —y no tan grandes— personajes tiene una implicación clara: quienes importan realmente son el puñado de personas, elegidas por las circunstancias o por su enorme talento, que moldean el mundo, mientras el resto seguimos como podemos el ritmo, o vivimos las consecuencias de sus actos. Esta forma de ver el desarrollo de los hechos y procesos históricos viene, al final, también de esa misma autoridad.

> «Mira las estrellas: los grandes reyes del pasado nos observan desde esas estrellas»,
>
> Mufasa.

Pero si analizamos por ejemplo los casos de las listas de reyes godos o los reyes de Inglaterra, nos encontraríamos con ciertos detalles que nos podrían hacer dudar de hasta qué punto deberíamos darles importancia.

La lista de reyes de Inglaterra, por ejemplo, va desde la conquista normanda por Guillermo el Conquistador, tras vencer en la batalla de Hastings (1066), hasta hoy. La dinastía normanda, y la Plantagenet tras ella, no obstante, enfatizaban sus orígenes normandos y su relación con Francia más que sus vínculos con sus súbditos ingleses. Inglaterra era uno de sus reinos, pero también eran duques de Normandía y, a través de distintos matrimonios, de Anjou y de Aquitania. Guillermo el Conquistador, y los nobles normandos que vinieron con él, trajeron consigo lenguas variantes del latín y del franco, como el normando y el picardo, que utilizarían para comunicarse entre ellos y para documentos y juramentos. La lengua materna de los reyes de Inglaterra fue, hasta final del siglo XIV (es decir, durante más de trescientos años), el francés o el anglo-normando, una lengua que marcaba estatus y que era hablada sobre todo por la nobleza. Es decir, este grupo de la élite se demarcaba como diferente de sus súbditos no solo por su propio estatus, o por sus prácticas culturales y «más refinadas» (como suele ser común), también en sus mitos de origen, y su lengua, lo que los convertía en una minoría, aunque con mucho poder.

En el caso de los reyes godos, la lista también nos está haciendo centrar toda nuestra atención en el interesante periodo que es la Tardoantigüedad, en lo que en esencia fue una minoría social que necesitaba de muchos apoyos para mantener el delicado equilibrio que era el poder. Tras la desintegración del Imperio romano, en la península ibérica se asentaron una serie de reinos y poderes germánicos (suevos, vándalos y visigodos), que trajeron sus propias costumbres, leyes y formas de gobierno. También estuvieron los alanos, que eran de origen iranio, pero vamos a centrarnos aquí en los visigodos.

Los visigodos trajeron su propia religión (el arrianismo), sus propias leyes, su propia nobleza, su propia lengua. La masa de población, los llamados *hispanorromanos,* tampoco eran un todo unificado, pero se trataba de pueblos diferentes que habían sido romanizados en distintos grados, tenían otra religión (el catolicismo), otra lengua, otras leyes y otras élites. Las élites hispanorromanas se habían convertido en grandes terratenientes, y seguían ostentando títulos que emulaban la gloria imperial romana, como el de senador.

En general parece que vemos el funcionamiento de dos sociedades distintas, cada una con sus propias diferencias internas. A menudo se habla de que la conversión de Recaredo en el 587 trajo por fin la unificación entre hispanorromanos y visigodos, pero los godos seguirían estando regulados por un sistema de leyes, basadas en el derecho germánico, mientras que los hispanorromanos tenían otro sistema de leyes, basadas en el derecho romano.

Fue setenta años más tarde cuando otro rey godo, Recesvinto, «unificó» ambos grupos de leyes cortando por lo sano, a base de abolir uno de ellos: impuso el derecho godo sobre el romano. Además, gran parte de la población, más alejada de los grandes centros eclesiásticos, seguía teniendo prácticas paganas en mayor o menor medida, mezclando elementos del paganismo de su región con elementos cristianos. Estos «rústicos», con su magia popular, sus brujos o sus sibilas, eran una causa de preocupación para los obispos porque ponían en peligro la legitimidad de la religión y la Iglesia con lo que para ellos eran supersticiones.

Por tanto, ¿hasta qué punto hablar de los reyes godos en sí nos ayuda a conocer este periodo? No estaríamos hablando de un grupo tan mayoritario de la población, uno que hiciera que un día, a golpe de decreto, un territorio se acostara romano y se levantara visigodo. De hecho, entender estas interacciones entre ambas sociedades, con sus procesos de hibridación, de mezcla, de rechazo o de apropiación, tiende a interesar más a los historiadores y arqueólogos de este periodo.

Decisiones de reyes como Recaredo o Recesvinto sin duda fueron importantes a la hora de cambiar el rumbo político del reino, pero no podemos entenderlos realmente sin buscar sus causas y sus consecuencias, que van mucho más allá de la figura del rey. Es decir, ¿por qué se convirtió el rey al catolicismo? ¿Qué consiguió con ello? ¿Cuáles fueron las consecuencias?

Una gran parte de lo que llevó a tomar esa decisión se encuentra lejos de los reyes godos, y se debe más al control de las élites eclesiásticas hispanorromanas, el verdadero núcleo duro de poder en la península, que podían legitimar al monarca y así fortalecer la monarquía. La monarquía visigoda estuvo marcada por la lucha entre distintas facciones de nobles por la elección para el trono, y tener el apoyo de la Iglesia era fundamental. Por otro lado, al acabar con la división entre arrianos y católicos, la lucha religiosa se volvió hacia otros grupos como los judíos y la población rural que mantenía supersticiones y prácticas paganas.

También hay otros elementos, como la presencia bizantina en la península, que habían conseguido conquistar la costa sureste en un intento de «recuperar el imperio» y hacer Constantinopla grande otra vez. A la larga les salió mal, pero el control de una parte de la península por alguien que se hacía llamar emperador y que tenía el poder divino asegurado por la Iglesia ortodoxa también pudo influir en este interés por la conversión. Es decir, detrás de una frase como «la conversión de Recaredo puso fin a la división entre los gobernantes godos y sus súbditos hispanorromanos» realmente hay una multitud de agentes a los que no se está incluyendo: y es tan relevante entender a quienes influyeron en la decisión como a aquellos a los que les impactó. Estos agentes van desde otros nobles, godos o hispanorromanos, hasta grupos más humildes de los que rara vez oímos hablar.

Obviamente la lista de los reyes godos es un ejemplo que es casi una parodia en sí misma, pero igualmente nos habla de una forma de ver la historia que no está tan abandonada como pudiéramos pensar. **Seguimos hablando de los Austrias mayores y los Austrias menores, para hablar del auge del imperio y de su declive, como si hubiera dependido de esos individuos.** Cuando ampliamos la mira, y dejamos de ver un único grupo como los agentes que definen periodos enteros es cuando realmente podemos pasar a entender la complejidad que hay en toda sociedad.

VENTANAS, VENTANALES Y VENTANUCOS AL PASADO

Con todo esto no quiero demonizar las biografías de grandes individuos, o implicar que no son historia. Hay biografías fascinantes, como la de Sargón de Acad, el primer rey del Imperio acadio en torno al 2250 a. C., alguien que empezó con unos orígenes humildes, abandonado como bebé en una cesta arrojada al río y creciendo sin familia hasta que consiguió el puesto de copero del rey de Kish. Garantizó su ascenso cuando consiguió derrotar a Lugalzagesi, rey de Uruk, tras lo que pasó a controlar el sur de Mesopotamia y se hizo llamar Sharru-kin ('rey legítimo'). Tras esta conquista llegaron otras que expandieron su imperio por los valles del Tigris y el Éufrates.

Claro que, en esa biografía de cero a héroe, hay más leyenda que otra cosa. Todas ellas construidas con posterioridad para engrandecer el relato de ese primer gran rey. De hecho, lo de un líder destinado a la grandeza que al nacer fue abandonado y arrojado en una cesta a un río no debería ser una historia desconocida: no solo Moisés, también Rómulo, el fundador de Roma. Parece que arrojar al río cestas con niños estaba de moda en la Antigüedad.

> «Ni protagonismo ni hostias»,
>
> Amaia Montero.

Pero sí, incluso con las biografías de las que tenemos más fuentes fiables y menos leyendas, podemos conocer no solo a un individuo concreto, sino el entorno que le rodeaba y cómo se movía entre la maraña de relaciones, de limitaciones y de potencialidades a su alcance. Cómo afectó a otros y cómo otros le afectaron. **Las biografías, de hecho, pueden ser ventanas muy interesantes a un periodo y sus dinámicas desde un punto de vista muy personal.** La biografía de Alexander Hamilton, escrita por Ron Chernow, no solo nos ha dado un gran musical, además es una ventana a la América revolucionaria y la formación de Estados Unidos desde la óptica de alguien que pudo ascender durante un periodo tan cambiante y cuyas decisiones influyeron enormemente en la política posterior. Nos gusta sentir cierto acercamiento personal con la gente del pasado, aunque solo sea porque es más fácil empatizar con una persona que con un proceso social abstracto y difícil de definir. Salvo que nos pongamos las gafas teóricas, claro. El problema es que las personas de las que podemos tener tanta información como para escribir una extensa biografía suelen pertenecer a clases muy concretas.

> «Cuando a otra persona le va tan mal como a mí, me siento como... integrada en la sociedad»,
>
> Belén López Vázquez.

Eso no quiere decir que estemos condenados a o bien hablar de grandes reyes y «los poderosos» o bien hablar de «los procesos» y «la masa» abstracta. Porque eso sería precisamente perpetuar esta idea de que los únicos individuos son los de arriba, y el resto seguimos. Yo, como ya he dicho, sostengo que ninguno somos del todo individuos. Pero si queremos, y muchos historiadores lo hacen, podemos seguir personalizando la historia en pequeñas incursiones a la gente común, de quienes a lo mejor no conoceremos su vida desde el nacimiento hasta la tumba, pero sí episodios que gritan. Que nos ayudan a empatizar, o a entender cómo podía ser una época o un proceso, que nos hablan de cómo utilizaban el sistema para su propio beneficio, o cómo colaboraban con otras personas.

Podemos hacer esto, por ejemplo, a través de la microhistoria. **La microhistoria reduce la escala al máximo, intentando interesarse no tanto por los grandes procesos globales —que si guerras o el mercantilismo o la expansión**

de tal o cual sistema económico—, sino entender el microcosmos de una persona, de un pueblo o de un evento concreto.

Algunos, despectivamente, lo llamarían *curiosidades históricas,* pero ahí está la cosa: la historia no va solo de grandes procesos interconectados. Más a menudo no lo es, y la historia global ha tenido sus críticas (no porque no sea válida, sino porque no es la única). Carlo Ginzburg escribió un libro titulado *El queso y los gusanos* donde exprimía al máximo lo que las fuentes nos decían sobre Menocchio, un molinero de Friul (Italia) en el siglo XVI condenado por la Inquisición por herejía. Puede no sonar fascinante, pero en este proceso no solo se descubre, poco a poco, cómo los molinos funcionaban como lugar de reunión entre los campesinos de estas comunidades, donde las ideas circulaban de forma similar a como lo hacían en una taberna; también descubrimos la percepción de la religión que podía tener un molinero y cómo se defendía frente a acusaciones de herejía de forma estratégica, desafiando la imagen que podríamos tener de un campesino en el Antiguo Régimen como una persona ignorante. Menocchio sabía utilizar los recursos a su alcance en su favor, y no porque fuera un individuo único y brillante: vemos algunos paralelos en su defensa con otros casos por herejía en esta misma época en el norte de Italia.

Tenemos biografías parciales de gente común que son tan fascinantes, o más, como las de alguien destinado a gobernar. La historia de Eleno de Céspedes, nacido a mediados del siglo XVI bajo el nombre Elena, es una como pocas. Nacido esclavo y asignado mujer al nacer, fue liberado a la edad de ocho, y otros ocho años después se casó con un albañil con el que tuvo un hijo. Su esposo los abandonó, y Elena abandonó al hijo poco después, cambiando su nombre a Eleno. Ejerció como sastre, participó como soldado en la guerra de las Alpujarras y finalmente acabó en Madrid, donde aprendería el oficio de cirujano, título que no era accesible a mujeres. Tiempo después, teniendo Eleno cuarenta años, tomó como esposa a María del Caño, y debido a los rumores que corrían de que Eleno pudiera «tener dos sexos», fue examinado por un médico que concluyó que era un hombre. Pero algo fue mal. Poco tiempo después, Eleno y su mujer fueron acusados ante la Inquisición de sodomía. Eleno durante todo el juicio sostuvo que tenía dos sexos, y que cuando dio a luz a su hijo fue cuando algo debió romperse internamente y le salió un pene que era incluso funcional. Yo desconozco si esto es posible, no soy biólogo, pero Eleno sostuvo que así había sido, pero que tras un accidente el año anterior, tuvo que amputarse aquello que le había salido. Tras un largo juicio, y muchas elucubraciones sobre si había sobornado al médico que le examinó, o si había usado brujería, el tribunal concluyó que Eleno era una mujer, y le condenaron por bigamia, ya que su primer matrimonio seguía siendo válido. Irónicamente, en cuanto la Inquisición pronunció que Eleno era una mujer, la convirtieron en la primera mujer cirujana de Europa.

Esta historia no solo nos habla de un pasado más diverso de lo que podríamos pensar (¿sería Eleno categorizado hoy como intersexual? ¿Como trans? ¿Como mujer *butch*?). Poner etiquetas, centrarnos en qué letra del alfabeto LGTBIQ+ encajaría con Eleno, puede ser contraproducente, inútil e incluso anacrónico, pero de esto podemos hablar más tarde. Lo interesante de la historia de Eleno es que nos permite ver cómo se entendía el sexo y el cuerpo en el siglo XVI, o la movilidad que podían tener algunas capas bajas de la sociedad. O qué estrategias podía seguir una persona en un proceso inquisitorial para librarse de la peor condena, la de sodomía.

> «La masa está para manipularla.
> Todo por el pueblo,
> pero sin el pueblo»,
>
> Paloma Cuesta

Esta frase que Paloma Cuesta parafrasea es una de las consignas más extendidas del llamado *despotismo ilustrado*, la política de algunos monarcas absolutos de la Europa del siglo XVIII que buscaban modernizar sus países integrando los ideales de la Ilustración, pero desde el paternalismo. Las medidas y las reformas llegaban de arriba abajo.

Hay otra frase, asociada al monarca Carlos III, que ilustra también este paternalismo: «Mis vasallos son como niños, lloran cuando se les lava». Este comentario lo habría hecho después de iniciar su programa de reformas de las calles de Madrid para su empedrado y saneamiento. La capital habría de estar adoquinada, se instalarían canalones y conductos que condujesen el agua sucia y, en general, se pretendía mejorar la higiene pública de la Villa y Corte. Obviamente, no es que la gente se quejase porque les gustase vivir en la suciedad; probablemente las quejas se debiesen más a las molestias de tener las calles llenas de obras que ellos no habían pedido y al aumento de los precios del alquiler ante las obras.

Cuando, unos años después, Madrid y otras ciudades se amotinasen contra el monarca en el llamado Motín de Esquilache, las causas no iban a ser las reformas del monarca porque quería que su pueblo vistiese de forma moderna, prohibiendo la capa larga, como tantas veces se ha dicho. Claro, dicho así suena a que fue un motín por causas ridículas o frívolas. Aunque esas medidas eran impopulares, y contribuyeron al odio hacia un ministro extranjero, la causa principal, además de la ya mencionada subida de los precios del alquiler, fue también el aumento del precio del pan y otros productos básicos. Este aumento venía propiciado por varios motivos: una oleada de malas cosechas y la práctica que ejercían algunos para especular con el precio del trigo, comprándolo barato en fechas de bonanza para acumularlo y triplicar los precios ante una mala cosecha. La corona además se enfrentaba a la bancarrota tras una guerra con Reino Unido, lo cual no le daba mucho margen para responder con medidas. La «masa», esos niños que lloraban cuando se les lavaba, lo que quería era comer, majestad. Y además de esa masa, otros tantos agentes, como los nobles castellanos o el clero, aprovecharon los motines para conseguir sus propios fines y quejas.

Como ya he apuntado, tendemos a ver la historia dividida entre individuos (que son grandes) y la masa, una tendencia que hunde sus raíces en el siglo XVIII y en la demonización de «la turba» durante las revoluciones atlánticas y europeas por parte de la élite. Pero incluso en estos motines no se pedía solo comer, sino que había consensos populares sobre qué prácticas se veían como legítimas y qué prácticas (como la especulación con el trigo) se consideraban ilegítimas. Protestas similares se dieron ese mismo siglo en Francia o en Reino Unido, y en cada una las peticiones eran distintas, según las leyes y el sistema contra el que se protestase. No eran simples rabietas irracionales. Más allá del «quiero mi bocadillo», resulta que sabían lo que hacían. En palabras del *sheriff* de Gloucestershire, que describió a las masas violentas del motín de aquel año ante las subidas de precios del pan: empleaban actos de violencia, «otros de desenfreno y exceso; y en otros casos actos de coraje, prudencia, justicia y una consistencia hacia aquello que profesan conseguir». Resulta que la masa sabía lo que hacía.

De una forma parecida, como ya hemos visto, seguimos con la tendencia a ver la historia de arriba abajo. Pero hay otros enfoques, como la historia desde abajo. Esta es una rama de la historia social que quería estudiar como sujeto histórico no a los reyes o militares, sino a las clases «comunes» o no privilegiadas y su papel activo en los procesos históricos. Esta no es una novedad, la encontramos desde los años sesenta, pero a veces merece la pena recordar las bases. Ahora bien, para un historiador puede que estudiar la historia desde abajo sea, en algunos contextos, complicado.

Cuanto más retrocedemos en el tiempo, menos fuentes escritas vamos a encontrar que hayan sido bien conservadas, y que se hayan escrito fuera de ámbitos de la élite. Tal vez es por ello que los grandes trabajos de la «historia desde abajo» se suelen dedicar al mundo europeo o americano a partir de la Edad Moderna. Bueno, por eso y porque esta forma de contar la historia surgió entre historiadores marxistas como Thompson, que estudiaban el surgimiento del capitalismo o la formación de la clase obrera en sus propios países.

Pero esta limitación de las fuentes escritas no debe echarnos atrás. Recordad que contamos con otras fuentes para hablar del pasado, y de ellas las arqueológicas son mucho más elocuentes cuando se trata de hablar de «los de abajo». Por supuesto puede que llamen más la atención las tumbas de grandes faraones, pero a pocos metros nos encontramos el yacimiento con la aldea donde vivían los trabajadores y artesanos que construían y llenaban estas tumbas. A través de la arqueología, más a menudo, descubrimos cómo vivía la gente común, qué herramientas utilizaba o cómo eran sus casas, qué productos producían, qué cultivaban y qué intercambiaban. Y cuando encontramos cambios en el registro, a lo largo del tiempo o del espacio, podemos buscar las causas de las transformaciones sociales.

Por ejemplo, **hay fenómenos, como la romanización o la islamización, que han tendido a estudiarse desde la perspectiva de la expansión de un poder imperial o de un estado en lugar de transformaciones y cambios vividos y adaptados desde abajo.** Me voy a centrar aquí en la islamización, y en concreto la de la península ibérica (o al-Ándalus) con la conquista islámica a partir del año 711. Con *islamización* solemos referirnos no solo a la conversión religiosa al islam de los que vivían en estos territorios conquistados, sino sobre todo a un largo proceso de transformación social en el que se adoptaron elementos propios de sociedades islámicas (sobre todo la árabe) para dar sentido a estas nuevas sociedades. Estos cambios no tienen que ir asociados a una conversión religiosa de por sí: vemos en las fuentes cómo la población judía y cristiana —los llamados *dhimmi* o gentes del libro— también adoptó costumbres por medio de su interacción con la población musulmana, resultado de vivir en una sociedad cuyo gobierno seguía otra religión. O en general por estar en contacto con otras partes del mundo islámico. Por ejemplo, el idioma que hablaban (aunque a este proceso se le llama *arabización*), o el tipo de ropa que vestían, pero también la filosofía que leían o sus estructuras familiares. Hoy en día la mayor documentación que tenemos sobre el comercio en el mundo islámico en la Edad Media viene de unos cuatrocientos mil manuscritos encontrados en la *gueniza* ('depósito') de una sinagoga en El Cairo, es decir, un contexto judío, pero también islámico.

También nos encontramos con procesos por los que la gente se convertía al islam, pero mantenían algunas costumbres preislámicas dándoles un significado nuevo. Por ejemplo, en los cementerios islámicos de Córdoba o Zaragoza se encontraron vasijas con un huevo dentro, colocadas junto al difunto, algo que también vemos en la Hispania tardoantigua y visigoda, y que probablemente viniese de prácticas paganas que habían ido sobreviviendo, reintegradas en nuevos significados «acordes a la religión». Puede que algunos imanes y autoridades religiosas se quejasen de que eso no era acorde o aceptable, pero se hacía igualmente.

Para algunos historiadores, la islamización de al-Ándalus estuvo relacionada con la expansión del estado, sobre todo tras la llegada de los omeyas a Córdoba. Fue el intento de los omeyas de expandir su poder, con una escuela legal islámica concreta, con sistemas de tributo e impuestos específicos y con programas de construcción, lo que provocó la creación de esa sociedad islámica. Para otros, las transformaciones se pueden ver desde el principio en los niveles más bajos, sobre todo tras la llegada de nuevos grupos de población.

Los arqueólogos estudiamos estos procesos de intercambios y adaptaciones desde muchas perspectivas, pero por aclararnos me voy a limitar a un ejemplo: la irrigación. Se ha hablado muchas veces de que el islam trajo a la península muchos cultivos nuevos, como la berenjena, el arroz, la caña de azúcar, las naranjas de Sevilla, el limón y otros cítricos. Pero también vinieron nuevos sistemas de cultivo y técnicas de irrigación. Por varios puntos de al-Ándalus vemos aparecer sistemas de acequias regulados de forma comunal. Un ejemplo es la huerta de Valencia, que tras la conquista cristiana de la ciudad se vio de nuevo adaptada, pero tenemos otros tantos en zonas que algunos dirían son más «remotas». Por ejemplo, en la Vega de Granada y las Alpujarras.

Estos nuevos sistemas de acequias requerían de una gestión del agua que necesitaba sistemas nuevos, con autoridades locales y no estatales, para que todo el mundo recibiera agua para sus cultivos y los que estuviesen al inicio de la acequia no abusasen y se quedasen con más de lo que les correspondía. **Los vecinos siempre han tenido que encontrar formas de gestionar los recursos comunes, tanto en Desengaño 21 como en las Alpujarras.** Para algunos arqueólogos, esta expansión de sistemas de acequias muestra que la población de estas zonas se adaptó a formas de familia distintas de las que vemos antes de la llegada del islam, pasando a organizarse en tribus descendidas de un antepasado común. Estas tribus (llamadas en función de su antepasado) se distribuirían el agua y tendrían distintos líderes que, en común, decidirían cómo gestionar las acequias, excavar otras nuevas o llevar el mantenimiento de las que ya estaban funcionando. En muchos casos estas acequias se han seguido utilizando durante más de mil años, hasta la modernización.

Estos ejemplos, al igual que los de los cementerios, nos hablan de cómo la población se adapta de forma creativa e influye en esos cambios que normalmente consideramos «la historia». Por ejemplo, la creación de redes de relaciones en los niveles más bajos en la sociedad andalusí, con una fragmentación y tribalización, es una de las razones que se han sugerido para explicar cómo, tras la conquista cristiana y la conversión al cristianismo, muchos de estos grupos siguieron manteniendo sus tradiciones. Es decir, que seguiría habiendo muestras de ese largo proceso de islamización después de que la conocida «Reconquista» terminase. Esta situación, que algunos consideraban un peligro para la sociedad, acabaría con la expulsión de los moriscos en el siglo XVII. Esta expulsión tuvo consecuencias económicas considerables, sobre todo en algunas zonas como el reino de Valencia, donde casi un tercio de la población era morisca.

Es decir, sin conocer cómo estas transformaciones sociales sobrevivieron en los niveles más bajos, estaríamos perdiéndonos factores importantes que motivaron e influyeron en lo que normalmente consideramos la decisión de un rey en una fecha concreta: la expulsión de los moriscos entre 1609 y 1613. Y solo explorando cómo de involucrados estaban estos grupos de población en algunos sectores como el cultivo y la gestión de sistemas de irrigación podemos entender del todo las consecuencias de su expulsión. Obviamente no estoy diciendo aquí que hay una única causa o una única línea a todo este proceso, sino tratando de aportar qué otros elementos influyeron, en formas menores o mayores.

Al final todo está conectado, y si no entendemos qué ocurre con el 90 por ciento de la población, la «masa», los «de abajo», si no entendemos cómo la gente ha resistido, se ha adaptado o ha creado nuevos cambios y situaciones, la historia política, la de los reyes, los gobernantes y las guerras, se nos queda bastante coja.

Para entendernos: El caso de la Revolución americana

Por supuesto, la primera reacción al querer hablar de la historia desde abajo hasta arriba, y no de arriba abajo, como el perreo, sería pensar en revoluciones y movimientos sociales. Al hacerlo, imaginamos una masa luchando por unos objetivos, o vandalizando (según la perspectiva que adoptemos, ya sabemos que hay que proteger el mobiliario público). Pero incluso en estos casos ha habido intentos de personalizar las revoluciones en personajes concretos.

«Que coman tarta»,

Marie Antoinette, de Sofía Coppola.

Esta frase, que se atribuye a María Antonieta cuando se enteró de que los campesinos franceses no tenían para comer pan, no fue dicha por la reina de Francia y desde luego no fue la causa de la caída de la monarquía francesa en la revolución. Sin embargo, María Antonieta ha llegado a convertirse en el símbolo de todo lo que estaba mal en el Antiguo Régimen y todo lo que motivó la Revolución francesa: el exceso de la alta nobleza frente a una masa desposeída, y la frivolidad de un estilo de vida que era sostenido por quienes no tenían ni pan que llevarse a la boca.

Así que vamos a hablar de un caso concreto que nos permita ver no solo la historia de «la masa», sino cómo esa «masa» en realidad no es un cúmulo de personas sin objetivos ni razón, más bien al contrario. Para ello, vamos a alejarnos de Francia y a fijarnos en una revolución que llegó unos años antes: la más que famosa Revolución americana.

La Revolución americana, o la guerra de independencia de los Estados Unidos, se dio entre 1775 y 1783 en el territorio de las Trece Colonias, lo que hoy es la costa este de Estados Unidos. Hubo muchas revueltas previas, tanto de esclavos como de pequeños artesanos, y colonos, que dieron lugar a este clima de descontento y revuelta social, antes del estallido de la guerra abierta.

Sin embargo, la historia de la Revolución americana es a menudo contada desde el punto de vista de los Padres Fundadores: George Washington, Thomas Jefferson, John Adams, Benjamin Franklin..., que, reunidos en Filadelfia, escribieron aquello de «sostenemos estas verdades como evidentes, que todos los hombres son creados iguales». Estos hombres habrían sido los líderes, políticos, militares e intelectuales, de los llamados *patriotas,* que luchaban por la independencia de las Trece Colonias frente al Imperio británico. Entre las causas de esta revolución estaría la lucha por la representación en el Parlamento, la falta de autonomía política o la protesta contra leyes que ponían impuestos sobre ciertos bienes, como por ejemplo la *Stamp Act,* que exigía que el material impreso se hiciese con un papel oficial, sellado en Londres. Los mercaderes de las colonias, obligados a comerciar solo con mercaderes británicos, pedir préstamos solo a bancos británicos y un largo etcétera, querían independencia.

Es decir, a menudo se presenta esta revolución como la lucha entre dos élites, la patriota y la británica, dos grupos con unos intereses marcados y antepuestos: libertad *versus* control. Y esta es la historia (el relato) que se ha institucionalizado en Estados Unidos, tanto en monumentos como en museos o libros de texto en las escuelas.

Pero en realidad estamos hablando de un proceso bastante más largo, y uno en el que había muchas clases contrapuestas e intereses cruzados. Peter Linebaugh y Marcus Rediker estudiaron el papel en la Revolución americana de lo que ellos llamaron la *hidrarquía:* las turbas mixtas (multiétnicas) formadas por marineros de distintas regiones del mundo, esclavos africanos y negros libres que, en el constante trasiego de los barcos mercantes y esclavistas de un lado a otro del Atlántico, habían empezado a hacer circular ideas revolucionarias. Ideas revolucionarias que no venían de eruditos con pelucas empolvadas discutiendo en los salones parisinos, sino de su propia interacción y su práctica autoorganizándose en continuos motines o revueltas, tanto en alta mar como en el puerto, donde muchos esclavos huidos buscaban refugio.

Estas turbas fueron esenciales en las protestas contra varias de las iniciativas de la corona británica, como la ya mencionada *Stamp Act.* Las propias ideas revolucionarias que fueron allanando el camino para la revolución fueron circulando en panfletos como el *Independent Advertiser*, donde en 1748 ya se escribió que todos los hombres son, por naturaleza, iguales, nacidos con libertad y capacidades similares. Un par de décadas antes de que Thomas Jefferson escribiese lo mismo, pero excluyendo de este *todos*, por descuido o interés, a los esclavos que tenía en su plantación de Monticello.

Este panfleto había sido redactado por Samuel Adams, que había experimentado la rebelión de esas «turbas» dos años antes en el llamado motín de Knowles, donde una muchedumbre de marineros escoceses, africanos, ingleses, irlandeses y holandeses se alzaron para resistir la leva forzosa. Parecía evidente que el tema iba más allá de luchar por defender los derechos de las élites, y que había algo común que unía a estas personas de trasfondos tan distintos. La «turba» no se alzaba por alzarse, sino por luchar por unos derechos y demandas concretas.

Por otro lado, algunos de los patriotas padres fundadores de la nación vieron algunas de estas revueltas con miedo. En un juicio tras la masacre de Boston de 1770, John Adams fue el encargado de defender a los soldados británicos contra los que se alzaría apenas tres años después, y allí definió a los amotinados como una turba de «rufianes, negros, mulatos, irlandeses y marineros». A gusto se quedó.

Años después daría un giro bastante pronunciado y diría que fue en la masacre de Boston donde nació el deseo de independencia. El líder del motín había sido un esclavo huido, Crispus Attucks, de ascendencia africana y nativo-americana, y si bien en ese momento John Adams se refirió a Attucks como un monstruo tanto en apariencia como en carácter, tres años después estaba defendiendo ideas de libertad contra los ingleses y firmándolas utilizando el mismo nombre como pseudónimo: Crispus Attucks. Sabía que el movimiento revolucionario no había sido creado por él, o por sus otros compañeros de pelucas empolvadas, sino por estas turbas a las que había que temer.

Es decir, por un lado, podemos ver que las ideas revolucionarias tenían una larga tradición, que Linebaugh y Rediker llevan incluso un siglo atrás, y que su origen está bastante alejado de las plantaciones de George Washington o Thomas Jefferson. Hubo constantes rebeliones y motines no solo en las Trece Colonias, sino en distintas ciudades portuarias por toda la costa atlántica. Por otro lado, aunque hablamos de *Revolución americana,* tal vez sería más conveniente hablar de *revoluciones* en plural, sobre todo si tenemos en cuenta los intereses tan dispares que nos encontramos.

Los patriotas (nombre que recibían esos colonos acomodados) luchaban por sus intereses económicos y por poner fin al control inglés sobre el comercio y sus actividades, pero querían excluir de esta lucha a esa turba mixta de marineros y esclavos que había estado clamando por su propia libertad durante las décadas anteriores. En un punto de la contienda la duda surgió entre si querían una revolución «desde arriba» (con la legalidad del Congreso) o «desde abajo» (con las masas).

Se decantaron por la primera porque temían cómo podían salir parados si la que tenía éxito era la segunda. Esta noche se lía, pero de tranquis. Y eso quiere decir que la Revolución americana fue acompañada por una contrarrevolución, es decir, un movimiento para controlar y reducir el impacto de las mismas fuerzas que habían impulsado la revolución en un primer lugar. Como si a la amiga que te ha animado a salir le prohibieses pasar del tercer cubata.

Vemos esto en distintas reformas, tanto durante la revolución como después, que buscaban quitar los elementos militantes a las turbas. Se aprobaron leyes como la *Massachusetts' Riot Act,* que prohibía la reunión de más de doce personas armadas. Pero nadie se vio tan afectado como los esclavos: desde el principio, los patriotas habían tratado de excluir a los esclavos de la coalición revolucionaria.

A medida que parecía evidente que la libertad que pedían los patriotas americanos no iba a darse a los esclavos que tenían en sus plantaciones, muchos esclavos y libertos lucharon por los ingleses, sobre todo cuando en 1775 Lord Dunmore les prometió libertad y formó el Regimiento etíope con esclavos fugados. Solo cuando la guerra se complicase permitirían los patriotas que negros libres o esclavos sirviesen en la guerra. Pero una vez acabada, **esos patriotas que**

se habían puesto en la cabeza de la revolución preservaron la esclavitud, y buscaron dividir y marginalizar a esas turbas mixtas con ideas de ciudadanía y raza basadas en una supuesta superioridad racial que marcarían el desarrollo social de Estados Unidos hasta hoy.

Es decir, necesitamos entender las bases militantes de la Revolución americana y esa fuerza «radical» de la turba, donde pese a que había muchos elementos mixtos, no estamos hablando de una masa sin forma, sino de muchos intereses dispares puestos en común para protestar contra injusticias concretas. Solo así entendemos no solo cómo surgió la revolución en sí: también la reacción contrarrevolucionaria que trajo consigo y sus consecuencias, que hoy en día son aún visibles.

Tampoco deberíamos olvidar el papel de los nativos americanos en la revolución, pues, aunque muchos decidieron no entrometerse en lo que veían como una disputa familiar entre un líder (el rey Jorge III) y sus súbditos, a medida que la guerra avanzaba fueron buscando apoyar a uno u otro bando. Se crearon facciones dentro de naciones como la *cherokee*, o en la confederación iroquesa, donde unos apoyaban a los británicos y otros a los colonos.

La mayoría, sin embargo, apoyaron a los británicos, que en los años anteriores habían intentado controlar la expansión de los colonos en tierras indias, a través de proclamas como la de 1763, que reservaba a los indígenas las tierras al oeste de los montes Apalaches. No por bondad o maldad, sino por la violencia que podría surgir en el caso de permitir a los colonos blancos seguir asentándose cerca de la frontera.

Esto tampoco había sentado muy bien a los colonos, que utilizarían el argumento de que los indígenas (como un bloque uniforme) habían apoyado a los británicos durante la guerra para justificar su expansión una vez que Estados Unidos se había quedado sin una malvada metrópolis contra la que luchar. Ahora esas mismas élites que habían proclamado la libertad del individuo buscaban la persecución y asimilación de las tribus indígenas. Esos mismos procesos se darían, nuevamente, al sur del río Bravo a medida que los países latinoamericanos fuesen obteniendo sus independencias.

CAPÍTULO 4

LA HISTORIA Y EL PROGRESO™

Si nos preguntan hacia dónde va la historia, tendríamos que decir que hacia delante, ¿no? El tiempo es lineal y va hacia delante, sin detenerse, o eso pensamos. Algún físico podría corregirme. La historia hace lo mismo. Puede haber pequeños tropiezos, pero seguimos mejorando, seguimos aprendiendo. Hoy sabemos más que ayer y el futuro será incluso más avanzado. Si miramos atrás en el tiempo, parece que vamos a mejor, una trayectoria hacia arriba. Hoy comemos mejor, tenemos mejores sistemas de salud, más medios para movernos y comunicarnos que nuestros tatarabuelos, y todo esto es definitivamente un avance respecto a lo que teníamos hace doscientos años. Vamos en una dirección única hacia el éxito, hacia el futuro.

Esta idea de la historia como progreso no ha estado siempre ahí. De hecho, es un invento bastante reciente. **Durante mucho tiempo la historia fue concebida como un ejercicio para vincularse con un pasado glorioso y perdido,** o una búsqueda de esa gloria.

En la Antigua Grecia, por ejemplo, la filosofía de Hesíodo había influido en concebir una serie de edades del hombre. La primera, y la original, habría sido la Edad de Oro, en la que los primeros humanos vivían gobernados por Crono en una felicidad absoluta, sin tener que trabajar y sin guerras. Después del oro, habrían venido la Edad de Plata y, por último, la de Hierro, en la que vivía Hesíodo y en la que se desarrollaron las ciudades Estado griegas que nosotros conocemos como típicas de la Grecia clásica.

En este sistema, los humanos habrían ido degenerando y perdiendo valores propios de los grandes héroes. Unos tres siglos después, Heródoto, considerado el padre de la historia, escribiría maravillado por las grandes obras de los faraones de antaño, o sobre lejanos pueblos que vivían en un estadio primitivo de abundancia. También escribió sobre una raza de hombres sin cabeza que tenían los ojos en el pecho, pero es que Heródoto mentía más que hablaba. No por nada además de padre de la historia fue apodado padre de las mentiras.

La gran contribución de Heródoto y sus *Historias* fue la investigación que hizo para entender el desarrollo de las guerras médicas, el nombre que se le ha dado a las guerras entre las polis griegas y el Imperio aqueménida de Persia. Pero **si Heródoto escribió esta historia fue precisamente porque no confiaba en el futuro, porque creía que había que poner por escrito lo ocurrido o quedaría tan olvidado como los grandes héroes del pasado.** Quería dar una lección moral para evitar la decadencia.

Tal vez sea un poco fatalista, u obvio para un *millennial,* decir que el futuro no siempre va a mejor. Pero quiero que exploremos un momento esta idea de la historia como progreso, una sucesión de avances siempre creciendo sobre lo previo, y sus implicaciones. Y luego, por supuesto, mostrar que en realidad no es así.

Obviamente mi intención aquí no es glorificar el pasado al modo de Hesíodo, una tendencia que, más allá de ser reaccionaria, suele llevar a rincones no muy agradables. Sobre todo, cuando se refieren a que con ciertas personas llegadas al poder de forma violenta se vivía mejor... Pero a lo largo de este libro estoy hablando mucho del pasado y su idealización, así que es hora de mirar al futuro.

La idea de que la historia de la humanidad ha consistido en una serie de etapas inevitables, con sus más y sus menos, sus pequeños tropezones, pero en una dirección, hacia el progreso y la complejidad, tiene una tradición corta en comparación con los milenios que lleva el *Homo sapiens* en la tierra. Pero no tan breve.

Durante el siglo XVII en Francia se dio un extenso debate entre «los antiguos» y «los modernos». Este empezó más bien desde la crítica artística y literaria: ¿eran los dramaturgos de la época, como Molière, mejores que los antiguos maestros de la Antigüedad, como Esquilo? Yo argumentaría, claro, a favor del *no*. Después de todo, eran franceses...

> «Mira, una moderna,
> ¡mira, una moderna!»,
>
> Putilátex.

Pero volvamos a la cuestión: el debate escandalizó a muchos, y no sin motivo. **La idea de que nunca se podría alcanzar la grandeza de un periodo pasado idealizado (en**

este caso, la Antigüedad grecorromana), y que solo podíamos aspirar a imitarlo llevaba bastante tiempo asentada. El arte del Renacimiento se edificó sobre esa aspiración a emular la gloria perdida de Roma. Pero aquí encontraremos a autores de la Academia francesa, como Perrault o Fontenelle, diciendo que no: el hombre (que no el ser humano) no había degenerado desde la Antigüedad, sus capacidades eran las mismas. Por tanto, el avance, en ciencias y en artes, era inevitable, porque las generaciones futuras estarían construyendo sobre lo que les habían legado las antiguas. ¿Cómo no sentirse superiores a los antiguos cuando contaban con cosas que ellos no tenían, como la imprenta, la pólvora y la brújula? Para estos «modernos» eran esos inventos los que habían dado pie al mundo que ellos disfrutaban.

En este debate, **el progreso era un proceso de crecimiento constante, opuesto a las ideas griegas de una Edad de Oro perdida, o la idea cristiana de que cada día era uno más cercano al juicio final.** Obviamente esta idea tuvo sus detractores: no podemos, cuando rebuscamos en la historia del pensamiento, asumir que en una época concreta hubo una única forma de pensar hasta que llegó la siguiente. Pero las ideas del progreso como inevitable y de la historia como progreso cuajaron.

Antes de seguir, no obstante, deberíamos parar un segundo. ¿Qué entendemos por progreso? Podríamos simplemente reducirlo a lo tecnológico, descubrimientos e invenciones que nos permiten entender y controlar mejor el entorno, o comunicarnos más rápidamente. En su definición más simple: la creación de cosas que nos permiten hacer cosas. Pero toda tecnología trae cambios también a nivel social: por ejemplo, internet nos permite la comunicación masiva, pero también el *bullying* masivo; nos permite crear memes, pero también *fake news*.

> «Tenemos que fabricar máquinas que nos permitan seguir fabricando máquinas, porque lo que no va a hacer nunca la máquina es fabricar máquinas»,
>
> M. Rajoy.

Muchos de los grandes inventos del siglo XX, desde las toallitas higiénicas en la Primera Guerra Mundial hasta el ordenador o los reactores nucleares, se hicieron en un contexto de investigación militar, buscando ampliar la capacidad destructiva o defensiva contra el enemigo, y sus aplicaciones civiles fueron solo posteriores. Así que no podemos entender un invento de forma aislada. **Una tecnología necesita de un contexto de uso, y más que un invento venido de una mente brillante, es resultado de las relaciones sociales en las que se da.**

Por ejemplo, en el siglo I d. C. el ingeniero Herón de Alejandría creó un aparato que recibió el nombre de *eolípila*. Consistía en una esfera llena de agua y colocada sobre una caldera. De la esfera salían dos tubos curvos, de forma que cuando el agua empezaba a hervir, el vapor salía por esos tubos a presión y la esfera empezaba a girar rápidamente. Esta no sería una máquina de vapor como la inventada a finales del siglo XVIII, pero Herón había descubierto el principio: el calor, a través del vapor, podía convertirse en movimiento. Este principio fue fundamental en el origen de la Revolución Industrial, y sin embargo esta máquina no dio pie a ningún tipo de revolución en el siglo I, ningún tipo de aplicación práctica más allá de una curiosidad que llamaba la atención. ¿Por qué? Probablemente porque no había ningún tipo de incentivo, interés o necesidad por buscar una fuente de energía mayor que la que ya estaba en la base de la economía del imperio: la esclavitud.

El coste de producir máquinas como aquellas no compensaba cuando tenían una fuerza de trabajo manual mucho más barata. Hay otras causas posibles, o tal vez debamos tener en cuenta todas en conjunto: no habían perfeccionado otros mecanismos, como los engranajes helicoidales, que hubieran permitido desarrollar máquinas que aprovechasen el principio; o no había buenas fuentes de energía para hervir el agua a un bajo coste, como el carbón mineral, que se usaba sobre todo en zonas donde estaba disponible de manera local; o tal vez, simplemente, les faltaba la base de teoría para entender el principio físico tras ello, ya que se veía como un fenómeno aislado y paradójico. Una curiosidad.

Otros, cuando hablan de progreso, se refieren a un progreso social, que es incluso más difícil de definir, pero suele girar en torno a la extensión de derechos que favorezcan la igualdad y garanticen las libertades o la mayor complejidad de una sociedad. Aunque esto último nos llevaría a intentar definir qué queremos decir con *complejo*. Igualmente, la garantía de estos derechos no es tan lineal como podríamos pensar. Para empezar, porque esos derechos se construyen en unas sociedades concretas con unos valores concretos.

Por ejemplo, en la Antigua Grecia no habría tenido sentido una lucha por el derecho al matrimonio homosexual porque la sexualidad no era entendida como algo que *se era,* un marcador de identidad, sino como una relación de poder entre personas de distinto rango, fuera de un hombre a una mujer, o de un hombre a otro hombre más joven o a un extranjero. Además, cualquier historiador del siglo XX te sabría decir que derechos como el sufragio o la libertad de expresión o de reunión pueden avanzar una década y verse reducidos en la siguiente. Por lo que **la idea de que el progreso es inevitable puede ser incluso peligrosa si conduce a la conformidad o a la confianza ciega: no te preocupes hoy, todo irá mejor mañana.**

Así que tal vez al hablar de progreso deberíamos limitarnos al tecnológico, pero teniendo en cuenta que ver una tecnología como una mejora o un empeoramiento tendrá que depender de cómo se utilice. El progreso al final es una confianza en el futuro, en que la tecnología del mañana podrá solucionar los problemas causados por la tecnología del hoy, o en que los seres humanos podemos mejorarnos paso a paso. Y la idea de que la historia es la historia de estos avances, inevitables y casi incluso por inercia, es una idea del mundo moderno occidental, a menudo para autojustificarse *a posteriori*. Rara vez tenemos en cuenta que los avances no son globales, sino en un aspecto concreto en un lugar concreto, y que los medimos como avances desde una perspectiva concreta. Si ampliamos nuestra mirada, vemos muchas alternativas.

Ibn Jaldún, por ejemplo, concebía la historia como ciclos, que pasaban alternativamente de la civilización al tribalismo, y de vuelta a la civilización, en un ida y vuelta que no tenía fin. Siendo justos, tal vez deberíamos considerar a Ibn Jaldún más padre de la historia que Heródoto, pues el tunecino abogó por un examen crítico de las fuentes para entender el contexto en el que fueron escritas y prestarle a este aún más atención que a los eventos que pudieran describir. También que la historia no debería ceñirse a individuos o grandes hombres, sino estudiar sociedades en su conjunto, pues incluso el menor evento es en verdad el reflejo de procesos mayores y más complejos. Pero de esto ya hemos hablado.

Si queremos realmente entender cómo nos ha afectado esta idea de progreso tenemos que ir, como ya parece ser costumbre, al siglo XIX. No es que este siglo fuese peor que otros, pero con la expansión de la Revolución Industrial y el colonialismo industrial se abrió un mundo de posibilidades que motivaron el desarrollo de nuevos conceptos, o la reformulación de ideas previas. Y una de ellas era la idea de progreso.

Desde el siglo XIX, en Europa se fraguó esta idea de la historia de la humanidad como la historia de Occidente, desde Grecia hasta el Imperio británico o francés, pasando por la Ilustración. Una cadena de eventos concatenados. Pero esta perspectiva, este relato —construido, recordemos— elimina un gran número de eventos, de autores, de desvíos, de ideas, que contradicen el relato único o la idea de un desarrollo lineal.

Desde el siglo XVI, los europeos se habían ido encontrando con sociedades con modos de organización muy distintos a los suyos. La clasificación de unas y otras como bárbaras o salvajes, idealizadas o demonizadas, fue un debate constante a lo largo de la Edad Moderna. Cristóbal Colón definió a los taínos de la isla de La Española como seres de una naturaleza dócil e inocente, como los siervos más buenos y más leales que un monarca podría desear (tópicos muy similares a los que luego formarían la idea del buen salvaje de Rousseau). Unos años después, el propio Colón pasó a demonizarlos como vagos, rebeldes, ladrones y holgazanes.

Estas definiciones de sociedades exóticas intentan justificar el tipo de relaciones que se iba a tener con ellas. En el caso de Colón, cuando se dio cuenta de que el principal recurso de las islas que había «descubierto» era la mano de obra nativa, bien para explotarlos o para venderlos como esclavos, tuvo que buscar una justificación: eran vagos y maleantes, no buenos, sino malos salvajes, que necesitaban disciplina. Que cuando se los obligaba a ir a una mina para picar para otras personas, no se entregaban por completo a la explotación. En los siglos siguientes, el colonialismo necesitaría de esta imagen del «otro» que, por incapacidad, desconocimiento o salvajismo, necesita ayuda para llegar al mismo estado civilizatorio. Claro que esta justificación humanitaria solía ocultar intereses más materiales, como la explotación de recursos.

> «Y a usted eso le conviene, porque tiene el diámetro craneal de un cochero»,
>
> señor Burns.

Aparecerían, sobre todo tras la Ilustración, explicaciones de las etapas del hombre, fases por las que todas las sociedades humanas deben pasar, como si se tratase de un videojuego. Adam Ferguson, filósofo escocés del siglo XVIII, las definió como **salvajismo, barbarie y civilización.** Se empieza en un estado primitivo, en pequeñas bandas de cazadores-recolectores sin diferencias sociales (salvajismo); de ahí se pasa a dominar las plantas y los animales, y es cuando se empiezan a entender los conceptos de propiedad privada (barbarismo); finalmente, llegamos a la creación de estados, donde la gente se especializa en distintas labores y una persona, o conjunto de personas, está al mando para organizar al grupo (civilización).

Sin adentrarnos mucho en la validez o no de esta teoría, estos conceptos serían muy influyentes en pensadores europeos y norteamericanos de todo tipo. Desde Marx y Engels hasta Auguste Comte y John Stuart Mill. Incluso en la actualidad, politólogos como Francis Fukuyama siguen hablando de un «crecimiento político» en complejidad como una evolución lógica del desarrollo humano: desde bandas hasta tribus, y desde jefaturas a estados. Vamos de lo simple a lo complejo sin remedio. Eso, por otro lado, implica que no podemos cambiar el rumbo de las cosas.

Marx, por ejemplo, veía el progreso como inevitable: la historia era una sucesión de luchas dialécticas entre quienes controlaban los medios de producción y quienes tenían la fuerza de producción. El feudalismo había creado las bases que habían permitido el desarrollo de la burguesía, que había dado pie al capitalismo, que a su vez estaba creando las bases para la siguiente, inevitable, fase de la historia: el comunismo.

Para Comte, el padre del positivismo, el hombre había llegado a la etapa positiva o científica tras pasar por una etapa teológica y otra metafísica, no había marcha atrás. Para Mill, el progreso no solo era inevitable, sino que se podía acelerar a través de medios artificiales.

El positivismo histórico, por cierto, no es el arte de pensar en positivo, o centrarse en las cosas buenas del pasado, sino una concepción por la cual las fuentes no se deben interpretar, cuestionar o sintetizar, sino meramente recopilar, en pos de ser objetivos y científicos. Claro que, como era de esperar, el positivismo estaba influido por otras tantas ideas de la época y estos historiadores no eran tan objetivos como pretendían.

Entre otras cosas, **los conceptos de progreso y nacionalismo ayudaron a formular una idea evolutiva de la historia y a fomentar el interés por la búsqueda «científica» de razas concretas en el pasado (como los godos, los arios, los eslavos...), sobre todo a través de la arqueo-**

logía. Razas de ancestros que, por supuesto, explicaban la superioridad de unos sobre otros tanto a través de su cultura material como a partir de las mediciones de los cráneos. Por suerte, la frenología fue tildada de patraña hace cien años.

El positivismo también se limitaba a enumerar hazañas narradas en crónicas, a menudo repitiendo los mismos mitos que se destacaban ahí sin cuestionarlos, mitos como que las cadenas de Navarra venían de la gloriosa batalla de las Navas de Tolosa. De nuevo, la historia como una concatenación de eventos políticos y militares (batallas, guerras, paces, conquistas, reinados), más que como procesos complejos que se influyen unos a otros.

Todo este caldo de cultivo de ideas de la historia llevaría entonces a ciertas justificaciones. Por ejemplo, **con esa misma premisa de acelerar el progreso surgió la idea de que las leyes de la biología se podían aplicar a la mejora del ser humano, dando pie al darwinismo social y la eugenesia.** O que había razas en estadios anteriores o inferiores, y que el hombre blanco estaba destinado a liderarlas para llevarlas del salvajismo a la civilización.

No es que el siglo XIX inventase el colonialismo, pero reformuló una de sus justificaciones. La llamada *carga del hombre blanco,* que justificaría los abusos coloniales de finales del siglo XIX y principios del XX. Si el progreso era inevitable, y unos estaban por delante en la pirámide civilizatoria, más cerca de la cima, era su responsabilidad ayudar a quienes estaban por debajo. Bajo las categorías que utilizaba Comte, para ayudarles a pasar de la etapa teológica a la etapa científica o positivista. Obviamente esta justificación no era tanto un mero altruismo, sino la mayor parte de las veces un barniz ideológico para otro tipo de intereses económicos y geopolíticos. No debería extrañarnos que las definiciones de otras sociedades siguiesen más los prejuicios e intereses de quienes las escribían que un deseo de rigor académico.

Es por eso que, ante quienes presenten eventos del pasado como un grupo trayendo la luz de la civilización a otro grupo, mi recomendación es que huyáis. O que, como mínimo, os hagáis preguntas, pues es una construcción que, aunque se ha asentado en nuestra visión del pasado durante generaciones, es increíblemente frágil.

> «Alucino conmigo misma, ¿eh?
> Es que no puedo… dejar de crear»,
>
> Desahogada, *Cómo Rosalía reinventó el flamenco.*

Hoy día, por supuesto, hemos abandonado esos aspectos más explícitos del darwinismo social o del colonialismo, y puede que ya no creamos en las grandes metanarrativas de la ciencia o la razón, o en el progreso como el destino último de la humanidad. Vivimos en la posmodernidad, como dijo Lyotard,* aunque a muchos les cueste definir qué es eso y lancen el término a las bravas como si fuera un sinónimo de relativismo.

Aunque ya hemos desafiado las grandes narrativas, eso no quiere decir que hayan desaparecido del todo, y su influencia sigue muy presente en nuestra forma de ver el mundo. Seguimos pensando en las formas de organización social como fases de una evolución, de más simple a más compleja, como si se tratase de un Pokémon. Que grupos que hoy en día viven de la caza y recolección, como los *hadza,* están en un estadio anterior o más pri-

* Lyotard, 1987.

mitivo, como si lo único que hiciese falta para que llegasen a ser «como nosotros» (lo que sea que quiera decir eso) fuese tiempo. De hecho, otro de los grandes problemas en la investigación arqueológica y en antropología es que tenemos esta imagen de que las sociedades «primitivas» no cambiaban, ni innovaban, que los cambios son algo que se ha ido acelerando junto con el progreso. El mundo cambia demasiado rápido hoy, como diría el viejo que grita a la nube. Pero no hace falta ni siquiera irnos por esos derroteros: nos basta con centrarnos en la creencia de que la historia es progreso en una dirección para darnos cuenta de que no hemos abandonado tanto estas ideas.

Por ejemplo, lo vemos en el mundo de los videojuegos. Juegos de estrategia como el *Age of Empires* o el *Civilization* te tienen progresando por un árbol de conocimientos o tecnologías de forma irremediable. El juego te exige ese progreso: a medida que los turnos pasan, tu civilización tiene que avanzar y desarrollar nuevas tecnologías, que llevan irremediablemente una a otra. No puedes parar, ni ir atrás. Y si juegas bien, probablemente seas el más rápido en llegar a ciertos avances y puedas conquistar con tanques a tus vecinos que aún están usando arcos y flechas. El objetivo del juego es además la victoria sobre los demás y, aunque hay modos pacíficos de conseguirla, todos suelen partir de una superioridad cultural y tecnológica de uno sobre otro.

Por otro lado, si miramos cómo están construidos los árboles de conocimiento y tecnología en videojuegos como la saga *Civilization,* vemos que no solo dan una idea lineal de las invenciones, sino que también son bastante eurocéntricos en la forma en la que las plantean: tanto por lo que consideran tecnologías relevantes en el desarrollo histórico como por el orden en el que entran en juego. En China, por ejemplo, conocemos la minería del carbón desde por lo menos el año 1000 a. C., pero el carbón solo aparece como un recurso ante el jugador cuando ha investigado la industrialización, pues es cuando se empezó a explotar a gran escala en Gran Bretaña para esas mismas máquinas de vapor de las que ya hemos hablado. Ojo, esto no es una invitación a que cancelemos los videojuegos: es normal que un videojuego creado por un estudio estadounidense se base en la historia que le han enseñado a los desarrolladores, y que suele girar en torno a la evolución de Europa y, a partir de 1776, la de Estados Unidos. Al contrario, **deberíamos utilizar esto para reflexionar sobre cómo construimos esta visión de la historia y qué efectos tiene.** Cómo normalizamos esta visión tan reduccionista a través de libros, novelas, películas o videojuegos.

SIEMPRE POSITIVO, NUNCA NEGATIVO

Ahora, he mencionado antes que una tecnología no se puede evaluar como progreso sin tener en cuenta su contexto social o de uso. Quiero explorar un poco más cómo en la historia y en arqueología nos encontramos precisamente con este problema.

Primero, aunque consideramos ciertos descubrimientos o invenciones un paso en el progreso, y de hecho los llamamos *avances*, tenemos que tener en cuenta que el mundo de posibilidades que abren ciertas invenciones está acompañado por limitaciones y seguido por una miríada de consecuencias. Explorarlas es un deber al estudiar el pasado, pero la evaluación de estas como positivas o negativas en términos absolutos no corresponde al trabajo del historiador.

Por ejemplo, a finales del siglo XIX se inventó el automóvil, y unos años después, en la segunda década del siglo XX, Henry Ford abarató enormemente su fabricación al introducir la producción en cadena. Este proceso es en realidad algo más complejo, ya que no fue Henry Ford individualmente quien inventó lo que fue conocido como el *fordismo:* las medidas fueron implementadas por el equipo de directivos de la fábrica de Ford, más que por el dueño, y el mismo modelo de fordismo se asentó sobre las bases ya creadas por Cadillac (que había estandarizado los componentes), o por Ransom Olds (quien introdujo la cadena de montaje en la producción del automóvil diez años antes). Pero ya hemos hablado lo suficiente de que deberíamos abandonar esta idea de la historia de los grandes individuos. Ahora hablemos de cómo se inserta la tecnología en la historia del «progreso».

La invención del automóvil no solo dio lugar a nuevas formas de comunicación y transporte. Ahora que moverse parecía más fácil, en Estados Unidos se expandió un mundo de suburbios, donde las clases medias blancas podían alejarse de la ciudad sin renunciar a poder acercarse al mundo urbano cuando fuera necesario. La segregación, que llevaba generaciones fraguándose en el país en torno a líneas de clase y de color, no solo se mantuvo, sino que se marcó aún más físicamente. Además, debido a que la gente empezó a transportarse a diario en largas distancias, comenzaron a proliferar nuevos negocios para proveer a esos viajeros, o crear nuevas oportunidades de negocio como hizo por ejemplo Ray Kroc, que convirtió un pequeño restaurante con un menú cerrado y un sistema de servicio rápido en la cadena de franquicias de comida rápida McDonald's.

La expansión de los automóviles también provocó que otros medios de transporte urbano, que a menudo eran tirados por caballos, desaparecieran. La gente pensó que, al no tener las calles llenas de excrementos de caballo, el coche estaba haciendo de las ciudades sitios limpios. La idea del cambio climático no parecía rondar todavía. El automóvil también fue acompañado por fantasías de identidad o de orgullo, se integró en códigos de la masculinidad con el coche como marcador de estatus. Anuncios que te vendían el coche más rápido o el más impresionante o el más elegante a medida que se convertía no solo en una herramienta de transporte, sino en una herramienta social. También aumentó la demanda de gasolina, que tendría otros tantos efectos en forma de crisis del petróleo, o invasiones pertinentes para conseguir acceso a crudo barato. El petróleo ganó aún más importancia como recurso estratégico.

> «Pues, Paqui, que necesitábamos un transporte y no había autobuses ni taxis»,
>
> Tania Martín.

Considerar al automóvil un avance nos hace centrarnos en una valoración positiva que nos impide ver los aspectos más detallados y tal vez menos agradables. Hay más de lo que se aprecia a simple vista: un artefacto, una tecnología, sí, que permitió unas cosas, pero impidió otras. Muchas de estas consecuencias que acabo de mencionar no se habrían dado sin un contexto previo: la segregación entre suburbios-mundo urbano no fue tan clara en Europa, donde ni la geografía ni en muchos casos el clima político favorecieron un nuevo proceso de urbanización. Y también fueron afectadas por otros procesos que nada tuvieron que ver: tras la Segunda Guerra Mundial, un nuevo programa de vivienda pública (la *Federal Housing Act*) incentivó la creación de más suburbios para los veteranos de guerra que estaban formando nuevas familias, pero solo para familias blancas, pues se impidió la compra-venta de viviendas en estos suburbios a familias afroamericanas. Esto se unió a otros procesos, como la desindustrialización de algunos núcleos urbanos como San Luis. La inversión en crear suburbios para familias de clase media y alta blancas, que ahora podían desplazarse, también ayudó a que muchos centros urbanos perdieran gran parte de sus ingresos, al poder recaudar menos impuestos o bajar la necesidad de inversión en esas zonas, a menudo divididas en líneas de color. Barrios más pobres de donde habían desaparecido las clases medias, fugadas a los suburbios, ahora recaudaban menos impuestos, y las escuelas de los barrios por tanto tenían menos fondos.

Todo esto no fue, evidentemente, «culpa» de la invención del automóvil, pero el coche jugó un papel fundamental en relación con otros elementos, como fueron las políticas raciales de principios de siglo, las leyes Jim Crow, las políticas de inversión pública para construir nuevas viviendas sociales, el sistema legal federal o incluso la guerra. Es en estas interrelaciones donde descubrimos los procesos de la historia, cómo se han ido afectando los elementos.

Es decir, lo que nos encontramos es, más que una línea, un enrevesamiento de causas, consecuencias, serendipia, causalidades y casualidades. Dicho así, claro, marea. Tratar de rastrear un único hilo a través del recorrido que hace por el tapiz, cómo se enreda, cómo se desdobla, cómo se le unen otros hilos, es difícil. Porque a lo mejor ni siquiera hay un solo tapiz, sino varios. Y para poder deshacer estas marañas, con el objetivo de entenderlas, no podemos llegar como Alejandro Magno y cortar el nudo por la mitad con una narrativa simplista. Eso podría ser satisfactorio, puede que incluso nos hiciera sentir bien, pero no nos ayudaría a entender o profundizar en nuestro conocimiento.

Por eso el estudio del pasado requiere una cierta especialización y, sobre todo, tiempo.

MEJOR QUE AYER, PERO PEOR QUE MAÑANA

Ya hemos visto algunos de los problemas del llamado *progreso* a nivel tecnológico, pero ahora vamos a centrarnos también en la idea de evolucionismo social o cultural. De que las sociedades humanas eran sencillas, inmóviles, hasta que a alguien se le ocurrió inventar la agricultura y, a partir de entonces, empezó la civilización y nos fuimos volviendo más complejos, fuimos cambiando y progresando. Esta idea no solo sirvió para justificar el expansionismo colonial, sino que está basada, de nuevo, en una visión bastante limitada del pasado.

Los arqueólogos nos encontramos constantemente caminos muy distintos al desarrollo, por ejemplo, de sociedades urbanas «complejas». Desde el Neolítico, y a lo largo de varios milenios, en la zona del Creciente Fértil (el área entre el valle del Nilo, la costa este del Mediterráneo y Mesopotamia, llamada así porque tiene forma de media luna), vemos aparecer grandes asentamientos o ciudades jerarquizadas, que a veces desaparecen, dejándonos con la duda de qué pasó con la gente que vivía en estos asentamientos.

A partir del 3500 a. C. empezamos a ver ciudades como Uruk o, unos siglos después, Ur o Nippur. Estos núcleos poblacionales aparecían, crecían y decaían o se abandonaban. Pero a la vez que surgen estas ciudades, que nos hablan de la urbanización de Súmer (la zona sur de Mesopotamia), algunos grupos que ya aparentaban haberse adaptado a la vida sedentaria del cultivo parecieron dispuestos a recoger sus cosas en un hatillo, trasladarse a zonas más marginales y adoptar un pastoralismo trashumante o nómada, en vez de mantenerse en sus aldeas o «progresar» hacia una vida sedentaria, pero urbana. ¿Cómo podía ser que estuviesen yendo hacia atrás?

«No cambié, no cambié, no cambié»,

Tamara, *aka* Ámbar, *aka* Yurena.

Bueno, en realidad estas comunidades de pastores nómadas no es que simplemente estuvieran rechazando el «progreso» o siendo expulsados a los márgenes por gente más avanzada. Tenían sus propios modos de vida y organización, e interactuaban regularmente con estos centros urbanos. Hasta el punto de que algunos investigadores han sugerido que fueron esenciales en la emergencia de ciudades. Si cada invierno bajaban estos pastores extranjeros hacia las llanuras, a lo mejor las ciudades tenían que empezar a diferenciar mejor cuáles eran sus territorios y cuáles no. El intercambio entre pastores y agricultores, entre los nómadas y los «urbanitas» fue también esencial en la economía de estas primeras ciudades y estados.

De hecho, en Oriente Próximo, que tradicionalmente se ha considerado una de las cunas de la civilización, y de la revolución agrícola que se expandiría hasta Europa, el escenario que nos encontramos es bastante más confuso. Tenemos arquitectura monumental hace once mil años en sitios como Göbekli Tepe (Turquía), con al menos veinte estructuras megalíticas con columnas de caliza de hasta una tonelada, casi todas ellas decoradas con complejos grabados de animales que nos muestran al menos un grado de especialización por parte de los artistas. Pero estas estructuras se utilizaron muy poco tiempo, para banquetes comunales, y fueron enterradas otra vez.

Hasta donde sabemos, quienes levantaron estos monumentos eran cazadores-recolectores, no «complejas» sociedades urbanas, agrícolas, lideradas por un rey que organizaba el trabajo. Y pasarían varios milenios hasta que volviera a encontrarse arquitectura monumental en la zona. También se descubre que la agricultura no se expandió como un nuevo invento revolucionario: fue adoptada en algunas zonas de Europa con poco éxito, y durante milenios vemos más bien un escenario mixto, donde algunas comunidades de recolectores estaban mejor preparadas para la supervivencia que comunidades agrícolas que tenían que abandonar su modo de vida en momentos de crisis.

Igualmente, aunque solemos pensar que dejar de ser nómadas y adoptar la agricultura fueron pasos en el avance o el progreso social, que nos ha permitido desarrollar grandes tecnologías, vivir más años, tener más hijos o acumular riqueza, las consecuencias inmediatas parecen bastante menos halagüeñas. Las primeras que nos encontramos si estudiamos restos humanos de esa inicial Revolución Neolítica es un empeoramiento de la salud dental, deficiencias nutricionales, una menor estatura o una mayor propagación de patógenos y enfermedades infecciosas, muchas de las cuales no habían afectado anteriormente a los seres humanos, así como epidemias de tuberculosis, fiebre tifoidea o malaria. Además, el trabajo requerido en el cultivo también hace más visible la aparición de fracturas o artritis, por eso de estar arando los campos, o doblándose constantemente para ordeñar.

Estas consecuencias, por supuesto, no fueron algo inmediato, porque por mucho que tradicionalmente se le haya llamado Revolución Neolítica, ni fue una revolución ni un proceso lineal, y mucho menos se dio de un día para otro. La domesticación de plantas y animales llevó generaciones, y procesos que fueron abandonados, retomados y dejados a medias.

> «*It is very difficult* todo esto»,
>
> M Punto Rajoy.

Tampoco tenemos que pensar que la «civilización» es un *set* de ideas concretas que vienen todas en un orden determinado a modo de árbol de habilidades. Así como en el sur de Mesopotamia en este periodo entre el cuarto y el tercer milenio antes de Cristo vemos el surgimiento de ciudades asociadas a grandes templos, con oligarquías y élites; en las orillas del río Amarillo, en China, vemos aparecer grandes asentamientos y no es hasta un milenio después que podamos ver que emerja ningún tipo de poder dinástico o una élite hereditaria en estas ciudades ya formadas.

Sí, la agricultura creó oportunidades para acumular excedente y que surgieran ciertas formas de gobierno, pero en la mayoría de los casos nos encontramos con milenios de diferencia entre que aparezcan los primeros granos domesticados y la aparición de sistemas de gobierno estratificado. Y la adopción de la agricultura no siempre llevó a la formación de estados centralizados o altamente jerárquicos: tenemos, por ejemplo, el caso de las confederaciones *haudenosaunee* de Norteamérica.

Esta confederación (conocida también como *confederación iroquesa*) controlaba el noreste de lo que hoy es Estados Unidos y la zona de los Grandes Lagos, y aunaba a cinco grandes tribus, cada una compuesta por clanes donde las decisiones se tomaban en un consejo abierto a todos los adultos independientemente de su sexo. Estos consejos elegían un líder para el clan (llamado *sachem*), cuya autoridad era fundamentalmente moral, por ser considerado alguien valioso para el grupo, pero no coercitiva; de hecho, podía ser depuesto. Estos distintos líderes se reunían para asuntos que atañeran a toda la tribu, y en los asuntos de la confederación se conformaba otro consejo común de estos *sachem*.

La organización de los *haudenosaunee* era más compleja, con consejos de madres y ancianas que podían vetar o aprobar la declaración de guerras, pero si simplemente nos dedicamos a entender estas sociedades como «pasos» en la línea, les estamos quitando valor. No solo eso: estaremos condenados a no entender cuáles son las causas particulares que pudieron llevar a un desarrollo y no otro. Podríamos decir, como Mr. Wonderful, que lo importante no es el destino, sino el camino. Pero ahí está la cosa: no hay un único camino ni una sola dirección.

Solo si abandonamos esta idea de que la historia va hacia delante, o en ciclos regulares en los que va aumentando la complejidad, como una línea recta dibujada por alguien hasta arriba de cafeína, podremos realmente entender las paradojas que nos encontramos en el registro histórico y arqueológico.

Reject humanity.
Return to monke.

Uno de los grandes misterios, que se suelen preguntar incluso en grandes canales de historia, es: ¿por qué la civilización maya, tan sofisticada, abandonó sus ciudades a finales del siglo IX? Sin duda tuvo que haber una causa para lo que, desde nuestra perspectiva, parece ir hacia atrás. Esta pregunta es un misterio sin resolver porque las causas que normalmente buscamos son las del colapso por algún tipo de desastre: una invasión, un desastre natural, epidemias, colapso ecológico, una revolución social que acabase con las élites... La respuesta no la tengo yo tampoco, porque seguramente no haya una única causa.

Pero esta idea del colapso maya se debe más a nuestra forma de medir el valor de una «civilización» a través de los monumentos complejos que construye o las enormes ciudades en las que vive. Lo que los arqueólogos ven, en realidad, es más complicado: algunos centros fueron más afectados por sequías y guerras entre distintas élites; en ciudades como Colha, lo que se ve es un fin violento, probablemente debido a una invasión; mientras que otras zonas, como la de la ciudad de Lamanai (que, al igual que Colha, se encontraba en la zona norte de Belice), estuvieron más resguardadas de eso que tradicionalmente llamaríamos *colapso*. Al contrario, parece que sus habitantes mantuvieron algunos elementos del periodo clásico, pero rechazaron otros tantos, entre ellos la jerarquía y centralización donde solo unos mandaban.

Al igual que con la caída del Imperio romano, no nos encontramos tanto un declive desastroso, un tropiezo en la línea del progreso, en un momento concreto (el siglo IX), sino largos procesos de transformación, que afectaron a distintas zonas de maneras diferentes. En algunas, como la del norte de Belice, parece haber una vuelta a modos de organización que llamaríamos *menos complejos,* en bandas más pequeñas. En otras, surgieron nuevos, y breves, imperios a partir del siglo X, como el de Chichén Itzá (Yucatán, México), que probablemente contribuyese a la caída de otras ciudades mayas como Coba (Quintana Roo, México) a medida que se expandía. Solo podemos hablar de colapso si adoptamos la visión más simplista. Para el final del periodo clásico maya (600-900 d. C.), vemos la desaparición de algunos marcadores de «civilización» que, en realidad, lo son de una cultura concreta de la élite maya. Por ejemplo, el tener grabados y grabados de las personas importantes en estelas, para que todos las vieran. Pero otras formas de esa civilización maya continuaron, modificadas o con nuevos significados. Por ejemplo, en Lamanai vemos que se abandonan las estelas, pero a su vez se da una mayor especialización en la producción de cerámica, con nuevas influencias llegadas del norte no por invasión, sino que posiblemente se tratara de interacciones de carácter pacífico.

En otras zonas del mundo también vemos cambios cíclicos entre un modo de organización y otro. El propio Ibn Jaldún nos habla del ciclo entre nómadas y vida urbana en el norte de África, que se van alternando con el paso de generaciones. También las confederaciones de tribus de las Grandes Llanuras del centro de Estados Unidos, que cada verano se reunían para organizar la caza del búfalo y nombraban una fuerza policial con un monopolio de la violencia, que solo duraba hasta que volvían a disgregarse en bandas para el invierno. Tendemos a pensar que solo hay un camino hacia delante, pero el ser humano ha tendido a adaptarse a un entorno cambiante de formas creativas.

Incluso en ejemplos actuales nos encontramos grupos enteros que han adoptado un estilo de vida nómada, o que cada pocos años varían entre modos de vida sedentarios, viviendo del cultivo, y el pastoreo nómada, pese a los intentos de los estados modernos por expandirse e imponerse a esos modos de vida más «simples».

Por ejemplo, en la zona oriental de la meseta tibetana, en el condado de Dzamthang, el Gobierno chino impuso durante los años setenta prácticas de colectivización. Esto significaba, en algunas zonas, dividir la tierra para el pasto y, en definitiva, el asentamiento de los pastores para su mejor control y para reorientar la zona de una economía de subsistencia a una economía de mercado mejor integrada con el resto del país. Esta meseta, a más de dos mil quinientos metros de altura, empezaría a llenarse de cultivos, pero duraría poco.

Para los años noventa, nos encontramos con que volvieron a caer las tierras de cultivo y, en su lugar, aumentaron el número de yaks y cabezas de ganado. Los habitantes reclamaban sus viejos estilos de vida, volviendo a un pastoreo nómada que buscaba los pastos en las zonas altas y rechazaba el modo de vida sedentario, o la escolarización estatal. Algunos mantendrían sus casas en las zonas bajas de cultivo, a las que retornaban de vez en cuando para periodos cortos, pero el pastoreo nómada volvería a ser el modo de vida predominante. Los grupos de la zona daban un paso atrás, o a un lado, en lo que se percibía como la línea del progreso. En definitiva, elegían otro camino.

Para entendernos: La Edad Oscura

Si existe en la cultura popular una excepción a la idea de un progreso continuado es la Edad Media. Esa idea de que el Imperio romano cayó tan fuerte que dio comienzo a la Edad Media y Europa quedó sumida en la oscuridad por mil años. Un periodo marcado por la guerra, el fanatismo religioso, la violencia y la ignorancia. El efecto de la Edad Media es tan poderoso que hablamos de novelas y series de fantasía como de fantasía medieval, y cuando vemos series como *Juego de tronos* decimos cosas como «en la época», pensando precisamente en la Edad Media. A todos nos gustan los castillos, las damas y los caballeros. Aquí vamos a ver no tanto como, en realidad, esta edad fue mala o buena para el avance científico, sino que precisamente la Edad Media nos demuestra que no podemos cuantificar el avance o el progreso en términos absolutos.

Esta imagen de la Edad Media, en realidad, nace de la era inmediatamente posterior, el llamado Renacimiento. Hacia finales de la Edad Media, autores como Petrarca reclamaron el pasado romano y griego como una era de erudición y grandeza. Petrarca fue, de hecho, quien empezó a hablar de esta era como un periodo de oscuridad, frente a la luz de la Antigüedad pagana. El término *Edad Oscura* en sí vendrá algo más tarde, en el siglo XVII, e irá perpetuando esta idea de un freno de diez siglos a los «avances». Aunque solemos asociar una Edad Oscura al oscurantismo, a la censura, malas prácticas e ignorancia, el término está más bien referido en origen a la falta de fuentes escritas. En el caso de Petrarca, por la escasez de literatura en latín en esos siglos.

Hoy en día el término *Edad Oscura* no se emplea precisamente por esas connotaciones, pero gran parte de este debate ha permanecido. Incluso **el término *Edad Media* no deja de referirse a un periodo intermedio, una crisis entre dos picos del conocimiento humano.**

«Sin ser nada de eso yo»,

Isabel de Valencia.

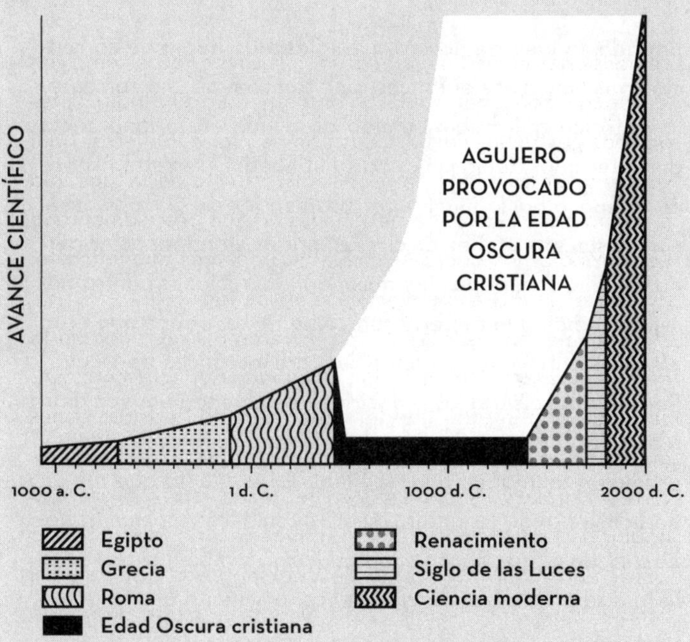

De no ser por la Edad Media, ya tendríamos patinetes voladores desde hace por lo menos veinte años.

Hay que decir que esta imagen de la Edad Media se asoció también a una causa muy concreta: el cristianismo. Frente a la Antigüedad pagana, un momento de luz, llegaba la Europa cristiana, un momento de sombra. Y esta idea, de la que no nos hemos deshecho del todo, fue sobre todo promovida en la Europa de las guerras de religión. Después de que Lutero publicase sus *noventa y cinco tesis* cancelando al papa de Roma, y en un momento en que muchos príncipes y gobernantes de Europa empezaron a romper con el papado, la idea de acusar a la Iglesia de Roma de corrupción no solo en ese entonces, sino también de una corruptela histórica que había sumido al mundo en la ignorancia durante siglos, tenía sin duda su utilidad. El registro histórico tampoco hacía mucho por desmentir esta corrupción, si somos sinceros: tenemos cismas, papas y antipapas gobernando a la vez, papas instaurando inquisiciones contra herejías, papas que gobernaron como reyes, papas que eran elegidos entre corruptas familias aristocráticas de Roma... Pero tampoco sería justo decir que eso fue todo lo que definió la Edad Media. Por otro lado, Roma supo defenderse y promover la imagen de una Plena Edad Media que fue un florecimiento de la cultura. Obras como los *Annales Ecclesiastici*, de César Baronio, defendieron también el papel de la Iglesia en la preservación del conocimiento a lo largo de los siglos.

Ahora que sabemos de dónde viene esta imagen, no es cuestión de saltar a la orilla contraria y romantizar la Edad Media, algo que vemos en el siglo XIX, en la literatura y también asociado a los nacionalismos europeos. La Edad Media luminosa, donde surgieron las universidades, el humanismo, y donde se crearon los mitos y las figuras que forjaron las naciones europeas: Guillermo el Conquistador, Carlomagno, Pelayo, la Reconquista... No se trata de integrar la Edad Media en un discurso construido desde el presente que busque darle un sentido como paso hasta el hoy. Es decir, **la cuestión no es decir «Edad Media, base de todo» o «Edad Media, decadencia y ruptura», sino intentar entender la Edad Media por sí misma.**

Esto es harto complicado porque, para empezar, bajo *Edad Media* metemos un periodo de mil años. Geográficamente lo solemos centrar en Europa, pero se extiende también al norte de África, Oriente Próximo y Asia, según cómo lo definamos. Es decir, estamos englobando realidades muy distintas. En el siglo IX, por ejemplo, encontramos una Inglaterra de pequeños reinos invadida constantemente por los pueblos nórdicos, y un Imperio bizantino que recuperaba los motivos grecorromanos en el arte, o un Carlomagno y el llamado *renacimiento carolingio.* Por eso en la investigación no nos suelen gustar las grandes narrativas, y preferimos estudiar lo particular. Pero tal vez para matizar las grandes narrativas que llenan la cultura popular necesitamos otras que también apunten alto.

A nivel de modos de producción, **para Karl Marx la Edad Media fue el paso de una sociedad esclavista (la de la Antigüedad) a una feudal,** que a su vez fue la que permitió el surgimiento de la burguesía y el nacimiento del capitalismo. Pero hay un par de problemas en esto: el primero es que el modo de producción esclavista fue también definitorio de la Edad Moderna, sobre todo en el Nuevo Mundo. Y de hecho fue el comercio triangular de esclavos desde África hasta América y el trabajo de esclavos (o semiesclavos) en plantaciones y minas lo que permitió la acumulación de capital de las élites criollas en las colonias, mientras que la esclavitud, aunque nunca había desaparecido, no había sido una parte fundamental de la producción en la Europa medieval, ya que no había un suministro estable de esclavos. Es decir, no vemos el paso necesario de uno a otro sistema, sino la transformación constante entre unos y otros.

El otro problema es que, si bien solemos definir la Edad Media por el feudalismo, se dieron otros modos de producción incluso en Europa: el definir como feudal o no lo que nos encontramos en al-Ándalus, donde los sistemas jurídicos son totalmente diferentes y apuntan más a una organización tributaria que a una señorial, ha sido un debate largo y tendido entre historiadores. Es decir, desde el punto de vista económico no podemos ver una línea recta.

Podría dedicar el resto de este capítulo a enumerar invenciones o nuevos aportes de la época para hacer ver que la Edad Media fue buena en realidad. Cómo fue en el siglo XI, por ejemplo, cuando se empezó a usar un arado pesado, que requería de animales de tiro y permitía hacer surcos más profundos, y cómo este arado fue lo que permitió roturar nuevas tierras que hasta entonces no se habían podido cultivar, y esto favoreció un crecimiento demográfico. Podría hablar de invenciones en el sector textil, como el telar horizontal de pedales que conocemos en la península desde el siglo IX y que permitía una mayor eficiencia, además de utilizar otras técnicas variadas; o el batán, una máquina que golpeaba con mazos los tejidos para hacerlos más densos. Es decir, desde el punto de vista del «progreso tecnológico», no podemos pensar que en la Edad Media dejasen de crearse técnicas o máquinas para adaptarse a sus modelos de producción o sus necesidades.

Podría en cambio señalar cómo se perdió el conocimiento del cemento romano, o de la *terra sigillata*, un tipo de cerámica engobada y con decoración estampillada que para algunos arqueólogos del mundo romano es la cerámica más perfecta producida en el mundo preindustrial, aunque yo no termine de verlo. O hablar de que, hasta el siglo IX, la producción de cerámica en gran parte de la península ibérica pasó de usar el torno de alfarero (y por tanto contar con una producción mayor y más especializada) a hacer cerámicas a mano o con torno lento, lo cual quiere decir más variedad de producciones, menos estandarizadas y a nivel más local. Es decir, sí hubo ciertas cosas que se perdieron, o que al menos se interrumpieron durante un tiempo. Pero cómo calificamos de atraso o de avance, realmente viene desde una perspectiva: ambas formas de producción de cerámica estaban adaptadas a un entorno social y unas necesidades concretas, y a unas formas de comercio disponibles. También se perdió la producción de *garum*, una salsa de pescado fermentado que los romanos usaban para condimentar sus platos, y creo que en eso salimos ganando.

Algunos, intentando compensar la imagen de la Edad Media como un periodo sucio, en el que en mil años nadie pareció saber lo que era bañarse, insisten en ciertos puntos, como la higiene demostrada por los vikingos (que nos han dejado restos de numerosos peines, cucharillas para quitarse la cera de los oídos y otros artefactos que demuestran una preocupación por su higiene personal), o el crecimiento de las salas de baños públicos en ciudades como París a partir del siglo XIII. Los vikingos serían un buen ejemplo de cómo, en realidad, no podemos evaluar nada como atrasado o avanzado salvo desde nuestras propias perspectivas. Para John de Wallingford, en el siglo XIII, los daneses causaban problemas y eran considerados frívolos por peinarse cada día y bañarse cada sábado. Eran demasiado limpios. Para

Ibn Fadlan, tres siglos antes, eran demasiado sucios: la costumbre de los vikingos del Rūs de lavarse la cara todos los días no con agua corriente, sino con un bol que iban pasando de uno a otro, era particularmente asquerosa porque iban ensuciando el agua con escupitajos y su propia suciedad, sin cambiarla.

También tenemos pruebas arqueológicas de complejos sistemas de letrinas y alcantarillado en Córdoba durante el emirato y el califato. Pero más que una continuidad, o un progreso, lo que vemos son cambios en pautas de higiene personal y de higiene pública. Esos sistemas de letrinas cordobeses decayeron en los siglos XI y XII, y otras ciudades de al-Ándalus contaron con letrinas en el centro, pero no en muchos barrios que fueron levantados con prisa ante un crecimiento urbano acelerado. En París, en torno al año 1200, se nos habla de más de treinta casas de baño, pero unas décadas más tarde muchas de estas serían clausuradas por ser consideradas focos de inmoralidad. Las condiciones morales de lo púdico y lo impúdico también afectaron constantemente al mundo de la higiene medieval y, así, donde en algunos entornos nobles podemos ver una gran preocupación por los baños, otros contextos, como las órdenes monásticas, podían ser más estrictos. Los monjes cluniacenses, por ejemplo, prescribían dos baños completos al año. También los entornos y la condición de lo que era higiénico cambiaron: en Brabante, en torno al año 1500 había más baños públicos que los que veríamos a finales del mismo siglo, cuando epidemias de sífilis o de peste hicieron que muchos cerrasen. Es decir, que observamos cambios constantes tanto en las prácticas de higiene personal de algunas clases sociales como en la higiene pública de ciertos entornos, sobre todo los urbanos. Podemos juzgar si a mejor o a peor, pero desde luego vemos que no es en una única trayectoria.

Podría también señalar que, tras la caída del Imperio romano de Occidente, en esos siglos oscuros de la Alta Edad Media, distintas regiones quedaron desconectadas de las rutas de comercio habituales. Sin embargo, mantuvieron su importancia en el Mediterráneo oriental. También cabe destacar la pérdida efectiva de la transmisión de conocimientos de los siglos anteriores en zonas como la Galia o Britania. En Hispania contamos con autores como Isidoro de Sevilla, y sus *Etimologías,* que condensaron el conocimiento de su época. Pero en ese mismo periodo tenemos un régimen político altamente inestable, un entorno urbano en declive y zonas de la península que habían «revertido» (con muchas comillas) a formas de organización social más parecidas a la jefatura. Claro que no podemos decir que habían ido marcha atrás, simplemente estas poblaciones estaban adaptadas a un nuevo entorno social y político en el que el mundo urbano había perdido importancia frente a las villas rurales. Eso no significa un parón de todo tipo de actividad: vemos un rico intercambio a escalas más locales y, de nuevo, producciones más variadas y menos estandarizadas.

La llegada del islam a la península conectó de nuevo el solar hispano con el Mediterráneo oriental, y con zonas mucho más lejanas con las que no había estado conectada nunca, a medida que se integraba en el mundo islámico. Vemos nuevas formas de organización social a nivel local, y a nivel estatal. Los omeyas implantaron un estado dinástico fuerte, y en el califato vemos la creación de nuevos conocimientos y la recuperación de algunos clásicos griegos que se creían perdidos, llegados a través de Bizancio (donde no habían desaparecido) y los traductores en Bagdad.

Lo mismo veremos unos tres siglos más tarde, cuando el Califato de Córdoba no sea más que un recuerdo, en la Escuela de Traductores de Toledo. Pero estas recuperaciones de obras antiguas venían con omisiones y con añadidos, a medida que los traductores adaptaban conceptos que habían perdido su significado, del griego al árabe, y del árabe al latín. Por ejemplo, en la *Metafísica* de Aristóteles, el filósofo griego utiliza un único término *(eidos)* con un doble significado ('forma' y 'especie'). Los traductores de Bagdad, y más tarde los de Toledo, tenían que decidir a qué concepto se refería Aristóteles cada vez, y elegir una de las dos palabras. Otra forma de cambiar no solo el texto, también su lectura, era que estos traductores y eruditos, en un entorno muy distinto tanto política como socialmente, tendían a utilizar los textos griegos para explicar sus propias creencias, por ejemplo, la enseñanza de conceptos monoteístas cristianos o islámicos. Así, la idea neoplatónica de lo Uno, la unidad absoluta o realidad suprema de la que emergería todo, se convirtió en Dios o el Creador, y las traducciones se impregnaron de nuevas ideas, o anotaron otras que no eran tan aceptables en un entorno no pagano.

Por ejemplo, la idea platónica de que el alma sobrevivía al cuerpo y era inmortal era un buen apoyo para la filosofía medieval cristiana, pero no sus concepciones sobre la reencarnación. Así que esta recuperación fue selectiva y para sus propios fines, no por el mero hecho de rescatar un conocimiento presuntamente perdido. Es decir, si nos ponemos a pensar en «progreso» científico o cultural, tampoco nos encontramos ni un batacazo de mil años, ni una línea recta hacia arriba.

Así que, ¿fue la Edad Media una época oscura de violencia y falta de higiene? No. Pero ¿fue la Edad Media una era luminosa donde realmente nada se perdió y simplemente se continuó con lo anterior? Tampoco.

Frente a las narrativas de que la Edad Media fue una pérdida y fue «mala», o fue una ganancia y fue buena, este periodo, como cualquier otro, nos demuestra la enorme variabilidad y los cambios continuos en las organizaciones humanas. Tus condiciones higiénicas en el año 1000 serían distintas si vivieras en un suburbio en Córdoba que si vivieras en un pueblo de León, o incluso en un pueblo de la campiña cordobesa a pocos kilómetros de la capital. Un ciudadano de París en torno al año 1250 tendría la oportunidad de elegir entre numerosas casas de baño, muchas de las cuales habrían desaparecido treinta años después.

Al final, creo que esta intención de ver el mundo como mejor o peor en una época concreta en términos globales es una simplificación en la que caemos porque estamos convencidos de que sí, estamos mejor hoy que hace cien años. Tenemos electricidad, tenemos agua potable en las casas, mejor salubridad, vivimos más. El sistema mejora, las condiciones van a mejor. Pero esto también depende de si vives en el Upper East Side o en la Cañada Real.

CAPÍTULO 5

«NUESTRA» HISTORIA

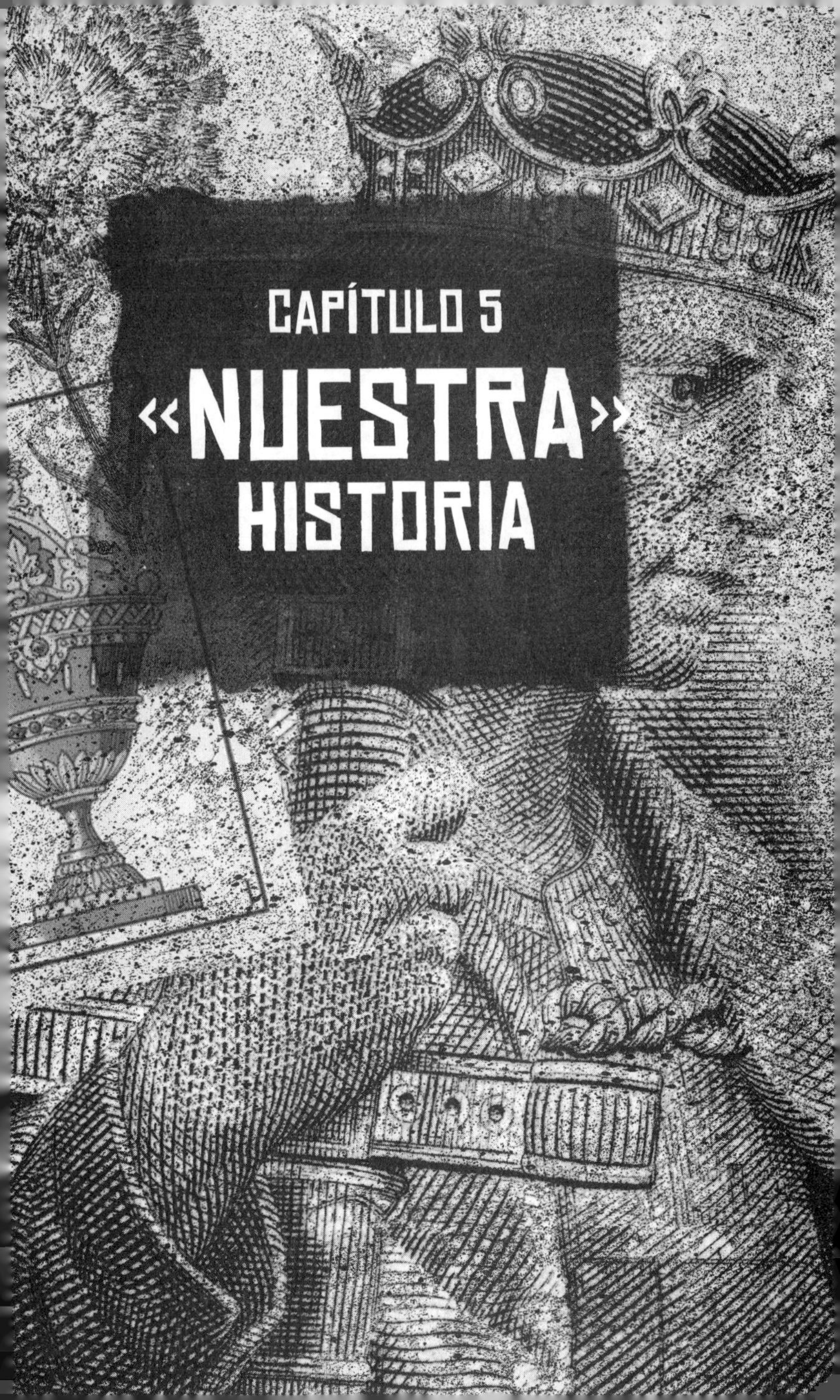

Una de las consignas más utilizadas para hacer del estudio de la historia algo interesante al público es que la comprensión del pasado nos ayuda a entender el presente, a entendernos a nosotros mismos. Y lo hace, no me malinterpretéis. Pero esta relación del pasado con nosotros, situados aquí y ahora, se entiende en dos direcciones: una proyecta hacia delante y otra hacia atrás.

Primero, **se nos dice que la historia nos ayuda a entender el presente porque, a través de estudiar los procesos, sus causas y consecuencias, podemos aprender cómo interactúan distintos elementos de una sociedad y encontrar patrones.** Esa vieja consigna de que quien no conoce la historia está condenado a repetirla. «Si Hitler hubiera conocido la historia, habría sabido que intentar invadir Rusia nunca sale bien.» No suele ser tan fácil, pues las circunstancias cambian y la historia no se repite tal cual. Pero es cierto que conocer el pasado nos ayuda a entender cómo interactúan distintos elementos, cómo funcionan distintas organizaciones humanas, y permite establecer precedentes.

Por ejemplo, León Trotsky se decidió a estudiar la Comuna de París, de 1871, para aprender de ella y que la Revolución rusa no siguiese su mismo rumbo. Y desde luego no lo hizo. En 2020 la prensa se llenó de artículos que preguntaban qué podíamos aprender de pandemias del pasado, como la gripe española, para hacer frente al covid-19. Y buscando cómo respondió la gente a pandemias o epidemias en el pasado, nos encontramos señales similares: negacionistas en la prensa que hablaban de conspiraciones o virus creados, dificultades para gestionar las medidas, falta de comunicación... A eso nos referimos cuando hablamos de buscar en el pasado una casuística para orientar un futuro.

Pero sin duda la forma más extendida de presentar la historia es aquella que busca la continuidad con ella: **entender nuestro pasado, de dónde venimos, nos ayuda a entender dónde estamos y los problemas que seguimos arrastrando.** Esto sigue siendo cierto, y estudiar las consecuencias de eventos y procesos de hace décadas, o siglos, puede ayudarnos a ver cómo sus ecos sobreviven aún hoy en día. Incluso si nos vamos tan atrás como a la domesticación de la oveja, o tan cerca como a la Expo de Sevilla; a algo tan grande como el surgimiento del capitalismo o tan «pequeño» como la construcción de un megalito, podemos ver que todos estos hechos han afectado al entorno en mayor o menor medida. Ya hemos problematizado que esto se puede hacer siempre que no lo veamos de manera unidireccional o monocausal, así que no me extenderé en ello.

Esta forma de usar la historia para entendernos a nosotros mismos estaría buscando integrarnos en estos procesos distantes o recientes. Esta consigna parece la más extendida, sobre todo cuando hablamos de historias nacionales o locales. Nuestra historia. Y aunque es muy válida, tenemos que cuestionar qué es lo que pretendemos con ese intento de «entendernos», o cuando utilizamos una primera persona del plural para hablar de gente muerta hace siglos, si es cuestión de buscar orgullo o vergüenza, o de proyectar identidades hacia el pasado.

> «¿Qué somos? ¡Wildcats!»,
>
> estudiantes del East High, en *High School Musical.*

Esto es lo que vamos a intentar explorar en este bloque: cómo construimos estas relaciones con el pasado, hasta el punto de considerar algunas historias nuestras y otras no tanto. Y cómo podemos, tal vez, encontrar el valor no en la identidad, sino en la diferencia.

LOS MITOS FUNDACIONALES

Eric Hobsbawm señaló con acierto que «todos los seres humanos, todas las colectividades y todas las instituciones necesitan un pasado, pero solo de vez en cuando este pasado es el que la investigación histórica deja al descubierto».* Estas comunidades y colectivos buscan proyectar sus identidades, sus deseos y su visión del mundo hacia el pasado. Esto resulta en anacronismos bastante evidentes que están en el centro del estudio de la historia.

Uno de los mayores ejemplos, aunque ni de lejos el único, es el de la historia nacional y el nacionalismo. Leemos en una fuente de hace mil años «Hispania» (o «Spania»), y le otorgamos el mismo significado que a la entidad hoy conocida como España, si

* Hobsbawm, 1998, p. 271.

bien no a nivel político, al menos a nivel de idea común, de nación. Sin embargo, el mismo significante ha servido para designar realidades e ideas muy distintas, tanto geográficas como culturales.

La creación de historias «nacionales» no es, del todo, un invento moderno. Sociedades antiguas y previas al nacionalismo cuentan y contaban con sus propios mitos fundacionales, historias de la identidad del grupo que podían buscar todo tipo de antepasados y eventos comunes. ***La Eneida*, la famosa epopeya de Virgilio, fue compuesta como parte de estos mitos fundacionales que vinculaban a Roma con la mítica Troya y daban al fundador de Roma una ascendencia divina.** Además de eso, aprovechaban para colocar en ese mismo linaje a la familia de Julio César y Augusto, el emperador que había encargado la composición. Si nos acercamos más en el tiempo, ya hemos hablado de cómo Alfonso III de Asturias empleó las distintas crónicas compuestas bajo su reinado para engrandecer su linaje.

Ahora, el trabajo de los historiadores ha sido, en muchas ocasiones, cuestionar estos mitos, o por lo menos aproximarse a ellos con escepticismo. Uno de los casos más sonados fue el del estudio de Lorenzo Valla de la llamada *Donación de Constantino (Donatio Constantini)*, un documento en el que el emperador Constantino I, en el siglo IV, habría donado al papa Silvestre la ciudad de Roma y las provincias de Italia, además de la soberanía sobre la mitad occidental del imperio. Solo se conocía el uso de este documento desde el siglo IX, pero no fue hasta el siglo XV, más de mil años después de su supuesta escritura, y en medio de disputas territoriales entre el papado y la Corona de Aragón, que Lorenzo Valla concluyó que era más falso que los másteres de algunos políticos.

Sin hacer dataciones de carbono-14, simplemente con el estudio de la letra escrita, Valla llegó a una conclusión contundente: el latín en el que estaba escrito el documento era latín propiamente medieval, no el latín clásico que habría usado el emperador de Roma. El documento era un falso histórico creado en la Edad Media para legitimar el poder del papa sobre Roma, Italia y Europa occidental.

A medida que creció el interés de una revisión crítica de las fuentes, estas historias han tenido más matices, y se han encontrado huecos y fallos en la mayor parte de las narrativas. Batallas o antepasados que no existieron fueron los primeros en caer. Por ejemplo, la batalla de Clavijo, ocurrida supuestamente en el año 844 y en la cual el apóstol Santiago se habría aparecido para decidir la batalla a favor de las tropas cristianas del rey Ramiro I de Asturias. Por supuesto, los elementos más fantasiosos no serían difíciles de desmentir hoy en día, incluyendo la aparición del apóstol a lomos de un caballo blanco, o la causa de la batalla, que habría sido el mítico tributo de las cien doncellas por el cual los asturianos habrían estado obligados a entregar anualmente cien doncellas al emir de Córdoba.

La primera mención de esta batalla es de unos quinientos años más adelante, en el siglo XIII, en las crónicas del arzobispo Jiménez de Rada y de Lucas de Tuy. Sin embargo, incluso la propia existencia de una batalla es dudosa, y ha sido cuestionada incluso desde la historiografía más nacionalista. Probablemente fuese confundida con una batalla posterior, la del monte Laturce, y en ningún caso habrían creído los combatientes que Santiago estaba de su lado, o habría habido un tributo de mujeres virginales. La leyenda, aun así, tuvo un impacto no solo en la imaginación de la gente, en romances medievales y obras de teatro del Siglo de Oro. Sirvió, además, para legitimar el voto de Santiago, por el cual se pagaba un nuevo impuesto a la Iglesia, y a raíz de ella es Santiago (Matamoros) el patrón de España. En el estudio de estos casos podemos ver no solo cómo se inventó una leyenda, y con qué motivo, también cómo fue aceptada, qué impacto tuvo (o sigue teniendo) y cómo se integró en esas grandes narrativas.

El estudio cuidadoso y académico del pasado tiene un potencial enorme a la hora de desestabilizar estas narrativas anacrónicas. De ver cómo el presente busca proyectar sus propios deseos e inseguridades en el pasado y cuestionar el porqué. El estudio académico llama la atención sobre los anacronismos, las inexactitudes o incluso las mentiras de estos grandes relatos tradicionales. Sin embargo, y esto es algo que frustraba al propio Hobsbawm, los historiadores tienen un poder muy limitado a la hora de contestar mitos históricos en las grandes narrativas. En gran parte porque esta crítica es negativa: niega y cuestiona los fundamentos de lecciones y relatos que se han transmitido a lo largo de generaciones, pero en muchos casos no ofrece un sustituto. Está a la defensiva. Esto se ve también en el espacio limitado que ocupa la investigación académica del pasado si nos vamos al gran público. Muchos titulares de periódico se han ocupado de dar voz a algún historiador para demostrar cómo tal o cuál político se ha equivocado, pero no tantos se han preocupado de darle un espacio para que explique los fundamentos de su investigación.

Por ejemplo, cuando en 2019 el Ayuntamiento de Cadrete (Zaragoza), gobernado por Vox, decidió retirar un busto de Abderramán III de la plaza principal del pueblo, la noticia saltó a la prensa nacional. El busto se había instalado en 2016, donado por un escultor turolense, en reconocimiento de la historia de la fundación del municipio. En el siglo x, el califa Abderramán III estaba en su camino a asediar Zaragoza, pues los tuyibíes, que gobernaban la ciudad, tendían a rebelarse cada dos por tres contra el poder de Córdoba, y ordenó construir un castillo y fundar un asentamiento, *Qadrit*. Independientemente de los motivos políticos y la lectura conflictiva de la estatua (aunque qué estatuas nos parecen aptas para el espacio público y cuáles no es un tema de gran interés), la prensa contactó con distintos historiadores para que dieran sus titulares con respecto a la decisión de Vox.

La mayoría subrayaban que Abderramán III era más español que ninguno, pues contaba con antepasados vascones e hispanos, y era rubio (o pelirrojo) con ojos azules. Uno de los artículos, en *El Español,* titulaba: «Los historiadores desmontan a Vox: "Abderramán III no tenía casi sangre musulmana"». A lo que yo preguntaría: ¿qué tipo de sangre es la musulmana? Independientemente de esto, poco hueco hubo para debatir la socialización de Abderramán, árabe e islámica, o su identidad. Que por rubio que fuera, él se entendía como árabe; que toda su legitimidad y su fuerza venían de identificarse como árabe o que hizo un uso evidente de la religión en el fortalecimiento del Estado omeya. Tampoco hubo espacio para debatir el extraño hueco que damos al pasado andalusí de la península, o la trayectoria intelectual por la que hemos podido traer esta visión del pasado islámico como «otro», como ajeno a la construcción nacional.

«¡Ey! Me has pillado»,

Chenoa.

Además, solo algunos aspectos de las grandes narrativas son realmente falsables, como puede ser la veracidad de tal o cual evento concreto, una batalla o un documento. Pero, como ya hemos dicho desde el principio, son los relatos los que hacen la historia. Un historiador, o un arqueólogo, puede por tanto construir otra interpretación, otro relato, en base a la evidencia y las fuentes, y desde la investigación académica estas interpretaciones se enfrentan en debates que mejoran nuestra comprensión del pasado. Sin embargo, el poder que tienen es limitado.

Los discursos académicos se basan en la duda, en aclarar que hay cosas que no podemos saber, y sobre todo en la confrontación de posiciones y matices enfrentados, algunos de los cuales son tan específicos que a pocos interesan. Pero las grandes narrativas, las de más éxito, se basan en «certezas», en absolutos, y sobre todo en las emociones. Y hay algo sin duda más cómodo en ello. Cuando el Gobierno egipcio decide organizar un desfile con luces y carrozas para trasladar las momias de los antiguos faraones al nuevo Museo del Cairo, un historiador o un arqueólogo podrá levantar la mano con escepticismo. Pero ¿quién le va a escuchar por encima del ruido de la fanfarria?

Por último, debemos tener en cuenta que los historiadores están luchando por matizar discursos que, en realidad, ya hemos formado y asumido desde pequeños. La historia nacional ocupa un lugar central en la educación pública desde su inicio. **Cuando a mediados del siglo XIX empezaron a diseñarse los programas escolares, la enseñanza de la historia cobró mucha importancia, como base para la formación de un espíritu nacional.** El Romanticismo de principios de siglo ya había hablado del espíritu de la nación (el llamado *Volksgeist*), y su razón de ser era la inmutabilidad histórica. Era por tanto inevitable que el nacionalismo tomase la historia como una asignatura fundamental. En estas lecciones, la educación liberal (aunque los sectores conservadores no tardarían en adoptar bastantes de esos elementos) buscaba unificar a los jóvenes en torno a la idea colectiva de la nación, fraguada a través del tiempo y con expresiones específicas de un «carácter nacional». En España, algunos tal vez nos suenen: Numancia, Sagunto, Viriato, la pérdida de España, la Reconquista. Pero cada nación tuvo sus versiones de historias con héroes que se habían enfrentado y sobrevivido a los intentos de extinguir ese espíritu nacional.

Por toda Europa estas ideas fueron las que marcaron la enseñanza de la historia hasta la segunda mitad del siglo xx. Pero, aunque los libros de texto han podido deshacerse de algunos de los elementos más claros de esas mitologías nacionales, hay bastantes factores que permiten que esta visión de la historia sobreviva, porque el pasado siempre pesa, y como hemos podido ver, está aún muy presente en medios de comunicación o en la retórica utilizada para discursos políticos.

LO MÍO *PA* MÍ

Pese a todo, podría argumentarse que si la historia nos ayuda a entender el presente es también de formas menos obvias o tópicas, pero mucho más reveladoras. Y que siguen de nuevo en esta línea: con direcciones que miran hacia atrás, o hacia adelante. Estas formas no están tanto en lo que se dice, sino en el análisis de por qué se dice lo que se dice, y por qué se omite lo que se omite.

> Prestar atención a la forma en la que entendemos el pasado, qué historias decidimos privilegiar y por qué, nos puede aportar bastante, no tanto sobre el pasado, sino sobre el presente.

Nuestro primer acercamiento al pasado suele ser a través de la enseñanza escolar, y como toda asignatura, hay un programa con unas pautas marcadas, decididas en distintas leyes de educación a nivel nacional y comunitario. Lo que intento con esto no es denunciar que «están intentando politizar la historia». La historia siempre ha estado inmersa en una serie de discursos, como venimos viendo. Y en el caso de la historia impartida en el colegio y en el instituto, la perspectiva suele empezar con una óptica más general (la evolución humana, las primeras civilizaciones) que pronto se vuelve más estrecha para centrarse en lo más particular (la historia del país), sobre todo a partir de la Edad Media, en el caso de las naciones europeas.

En este sentido, cada país, o cada región, va a tender a buscar en las páginas de la historia lo que considere más relevante para sí misma.

El programa educativo inglés subrayará el papel de los descubrimientos de los exploradores ingleses, hablará más de James Cook o de Francis Drake que de Magallanes o Núñez de Balboa, mientras que el español hará lo propio. Y en general se adoptará un papel más céntrico en la narrativa de la historia del mundo. En el caso que nos atañe: eurocéntrica. ¿Qué estaba pasando en China, o en la India, en el siglo XVI? Bueno, el tiempo del docente y el espacio de las páginas del libro son limitados, no puedes esperar que se te enseñe todo de todas partes. Así que toca elegir qué incluir y qué omitir.

Incluso centrándose en la propia Europa, la historia que encontramos más a menudo suele omitir grandes partes, como la historia de la Europa del Este o la Europa ortodoxa en la Edad Media o Moderna. Hay algunos puntos más alejados que están destinados a tocarse por su relación con «lo nuestro», como pueden ser las invasiones vikingas, la expansión del islam o el establecimiento de la Ruta de la Seda, pero suelen estar bastante centrados en la propia perspectiva. Las invasiones vikingas subrayan los saqueos por la península, la expansión del islam se necesita para explicar la aparición de al-Ándalus, y la Ruta de la Seda, que tiene una larga historia, se reduce a los viajes de Marco Polo.

Esto podría parecer lógico: intentar enseñar la totalidad de la historia universal es una utopía, y es necesario un marco o una escala. La escala local o la estatal tienen sentido. El problema no es tanto la escala como el enfoque, el sujeto histórico. Es decir, el protagonista elegido para este relato. Si el protagonista de nuestra historia es una entidad abstracta como la nación, evidentemente vamos a estar buscando sus raíces a lo largo de cada lección, hasta la culminación. Las historias nacionales colocan como sujeto histórico de su relato a la nación como entidad, y en su relato buscan perfilar esta comunidad histórica desde sus albores hasta su sublimación en el presente. Desde Atapuerca hasta la entrada en la Unión Europea, infinitud de siglos nos contemplan. Esto, por supuesto, corre el mismo riesgo que ya hemos discutido: la visión del pasado en un proceso lineal, en un camino unidireccional hacia el progreso. Una única trayectoria, casi sin alternativas, marcada por el camino de baldosas amarillas, hasta el presente. Y a menudo parece que la nación es el único sujeto histórico desde el que abordar la historia.

Pero también tiene otro riesgo: el (ab)uso del pasado como cantera para nuestras emociones en el presente. Buscar en los agentes del pasado a nuestros ancestros, proyectando nuestras propias identidades, va a hacer que la lupa con la que examinemos el pasado tenga un extraño tinte rosa. Cuando no está directamente pintada de rosa fucsia. Libros de grandes héroes, o grandes gestas de la nación, van a tocar la fibra del orgullo, que siempre preferiremos estimular antes que la de la vergüenza.

«Pero ¿usted quién es?»,

Alina, en *El Diario de Patricia.*

El problema es que, en momentos en los que sentimos que nuestra identidad, o nuestra comunidad, en el hoy está siendo atacada, vamos a echar la vista atrás para buscar a la desesperada cualquier prueba que legitime y valide nuestra narrativa, y es ahí cuando somos más sensibles al uso político (referido en este caso a partidista) del pasado. Un ejemplo es la recuperación de narrativas sobre la Reconquista en el discurso público, o los actos de homenaje en torno a estatuas de héroes de la patria. Aquí podemos señalar, por ejemplo, la estelar carrera de Blas de Lezo, que, tras unos doscientos cincuenta años de relativo olvido en lo que a homenajes patrios se refiere, ha tenido en la última década calles dedicadas y varias estatuas inauguradas en Cádiz, Madrid o en el Museo Naval.

Esto son ejercicios no de historia, sino de memoria, de la construcción y puesta en práctica de vínculos afectivos con el pasado. En la búsqueda ansiosa por «nuestra» historia, se tiende también a buscar algo que hace a esa historia excepcional: unos valores espirituales, una persecución por enemigos envidiosos, una heroicidad. Solo nosotros somos tan bravos, solo nosotros hemos sido tan calumniados. En su construcción del relato, cada nación tiene el suyo propio y eso hace que, al final, realmente ninguno sea excepcional.

Por supuesto, lo opuesto a esto no sería escribir libros de los momentos más vergonzosos, o las mayores atrocidades de la nación, que suena a proyecto que tendría una campaña de márquetin complicada. Más bien entender a los agentes de la historia como parte de nosotros en el sentido más genérico y humano. ¿Acaso hay algún motivo para pensar que tienes más en común con Felipe II que con, por ejemplo, un obrero de una fábrica de Boston en 1890, o un ama de casa de Orán en 1932, o con un campesino del Languedoc en el siglo XIV? Probablemente si eliges verte más reflejado en uno que en otro será en función de qué pongas en mayor valor, ideas como etnicidad, nacionalidad, clase, religión, género o sexualidad. Pero es importante tener en cuenta dos cosas: que esta es una elección que estás haciendo, consciente o inconscientemente, desde el presente; y que no existe realmente una esencia, sino que las concepciones de estas ideas han sido también transformadas continuamente en el tiempo, y concebidas de maneras por completo diferentes a como las entendemos hoy y ahora. La idea de nación, por ejemplo, como comunidad activa, sede de la soberanía y con una serie de símbolos asociados, o una cultura y lengua común, no podemos empezar a verla hasta finales del siglo XVIII y, sobre todo, el siglo XIX. Si estudiamos las ideas de comunidad que existieron antes, deberemos hacerlo con cuidado de no proyectar nuestros propios deseos.

Si en cambio nos centramos en las personas, en su vida diaria, en los procesos sociales que les afectan o en sus formas de ver ideas como la religión, o el trabajo, la historia que resulta es muy distinta, incluso aunque tomemos el mismo marco territorial.

Pero tal vez lo más importante, sobre todo para la enseñanza de la historia en las aulas, sería no tanto omitir las referencias a esas grandes narrativas que, desde la academia, se consideran superadas o, cuando menos, matizadas, sino lanzarse a ellas para explicar por qué surgen y cómo. Si decides no llamar al periodo de historia medieval de la península la Reconquista porque lo consideras poco acertado historiográficamente, el alumno va a seguir escuchándolo en otras partes, fuera del aula. Aunque solo sea por ciertos partidos que lo incluyen en sus consignas. En cambio, se pueden dar las herramientas para entender que el término se creó en el siglo XIX. Se puede explicar el papel que tuvo en la narrativa del nacionalismo español, cómo fue formulado en las aulas como una «empresa nacional» en base a unas ideas que poco tendrían que ver con la mentalidad medieval. O cómo esa misma idea de cruzada nacional luego sirvió durante la Guerra Civil para equiparar a Franco con Pelayo, y más tarde fue un elemento fundamental en la educación de acuerdo a los valores del régimen. El catolicismo como esencia de la nación y lo que había fraguado a España frente al enemigo. Al fin y al cabo, esto también facilita **ver la historia como análisis crítico, más que como una memorización de fechas; no como la memorización de un relato, sino como la construcción de distintos relatos e interpretaciones en función de las fuentes y los marcos teóricos.** Y en este proceso, el estudio del proceso de construcción de estos mitos, y las razones por las que han perdurado, es fundamental.

Incluso si nos alejamos de la enseñanza, y de las evidentes limitaciones de tiempo y espacio, el presente también se inmiscuye en la investigación profesional de la historia. Un vistazo a qué proyectos de investigación encontramos en las distintas universidades de Europa nos ayuda a ver qué consideramos relevante hoy en día, y qué valores buscamos en el pasado, de forma consciente o inconsciente. Toda historia es historia contemporánea, que diría el historiador Benedetto Croce. Es decir, todo estudio del pasado se hace desde el presente, y eso inevitablemente implica que el investigador, quien financie la investigación, o incluso el lector van a estar informados por ideas, marcos e intereses creados en el presente.

Hace unos veinte años, por ejemplo, varios arqueólogos expertos en la Edad de Bronce comenzaron a hablar de este periodo del pasado europeo desde el punto de vista del comercio entre las élites, las migraciones y la creación de identidades comunes a través del continente. La Unión Europea incluso financió varios proyectos en esta dirección, como el proyecto *Forging Identities*. En un momento en el que la UE adoptaba la moneda común, y se encaminaba a afianzar el mercado común, además de otros proyectos como la fallida Constitución para Europa, parece casi esperable que las aproximaciones al pasado quisieran reforzar esa narrativa de un carácter y una historia común que habría unido al continente a lo largo de milenios a través del intercambio comercial. Tendemos a buscar, e interpretar, el ayer de forma que explique el hoy. Eso se puede hacer de formas directas, por supuesto, pero más a menudo se manifiesta de maneras sutiles.

Así pues, no podemos huir de este nexo constante entre el pasado y el presente.

ENCUENTRA LAS DIFERENCIAS

Hay otra forma en la que la historia nos ayuda a entendernos y a proyectarnos no hacia el pasado, sino hacia el futuro. Y esta no nace de intentar ver las similitudes, los paralelos con nosotros mismos, sino las diferencias. Se trata de, en lugar de buscar reflejarnos en el pasado, centrarnos en cómo las fuentes nos hablan de contextos y sensibilidades diferentes. **Esto nos ayuda a entender que otras sociedades son posibles, y que el ser humano se ha entendido y organizado de maneras que desafían nuestra forma de ver el mundo (nues-**

tra cosmovisión) actual. En lugar de colonizar el pasado con nuestros marcos, extendiendo las raíces de conceptos como la nación, o la democracia, se trata de ver el valor en las diferencias.

Por ejemplo, hablamos a menudo de Grecia (o Atenas) como la cuna de la democracia, y de esta forma vemos en las antiguas ciudades Estado griegas la raíz de la cultura occidental. Sin embargo, el sistema de gobierno ateniense poco tiene que ver con nuestros sistemas actuales, con un sistema parlamentario. El concepto de ciudadanía ateniense tampoco se parecería a las connotaciones que implica el término hoy en día, una igualdad de derechos sociales, políticos y jurídicos.

Para algunos autores, la ciudadanía ateniense estaba basada en el servicio militar para la polis; para otros, en la participación en los cultos y rituales religiosos de la polis. Las mujeres, aunque podían ser referidas como *aste* o *politis,* los términos empleados para designar al ciudadano, realmente no tenían esos derechos que hoy consideraríamos fundamentales en la definición de ciudadanía. Y otros grupos de población estaban lejos de ser siquiera considerados iguales en derechos, entre ellos los esclavos, los menores o los extranjeros.

> «Soy ciudadana de un país democrático, ¡¿te quieres callar?!»,
>
> Aramís Fuster.

Cuando buscamos similitudes, y establecemos que esas similitudes son relevantes, lo hacemos de forma subjetiva y en un contexto. Que la democracia ateniense es parecida a la actual en los aspectos que importan, en lo *esencial*. Si ponemos el foco en las diferencias más que evidentes, podemos tal vez dejar de tratar de definir el pasado como antesala del presente, como las raíces en las que definirnos. En su lugar, podemos ver que los ciudadanos de, por ejemplo, la Atenas del siglo IV a. C. no existían con vistas a una sociedad que, dos mil años después, se considera su «heredera». Existían por sí mismos. Su modo de vida tenía valor por sí mismo. Son personas que vivieron, pensaron, trabajaron, sufrieron o gozaron por sí mismos. Si solo los vemos como «nuestros antepasados», vamos a tender a valorarlos como un paso intermedio (o inicial) hacia nosotros. Pero si pudiésemos traerlos al presente en una máquina del tiempo, estarían verdaderamente confundidos por lo que hoy llamamos Occidente. Ni nuestros cultos, ni nuestra forma de entender la religión, ni dónde emplazamos la soberanía ni los lazos familiares o las ideas sobre relaciones humanas y sexualidad son algo que podrían comprender con una explicación breve. **Un ciudadano ateniense estaría más familiarizado con grandes partes y pueblos de lo que hoy es Oriente Medio que con los celtas de la zona sur de Francia.**

Cuando somos conscientes de estas diferencias ontológicas, de que un tal Pericles no veía el mundo como lo vería un tal José María, ni se entendía a sí mismo bajo los mismos códigos, esto nos obliga a recordar algo que parecería evidente: y es que escribimos sobre el pasado en formas que serían irreconocibles para estas personas. Elegimos representar el pasado bajo nuestros propios términos, y a menudo lo hacemos sin darnos cuenta. El problema no está tanto en el empleo de nuestras perspectivas y terminologías, pues tampoco tenemos otra forma, sino en la falta de análisis de los mismos, ya que es entonces cuando los llevamos atrás y establecemos líneas directas que nos conectan con esa idea que tenemos del pasado: cuando la democracia actual se convierte en la heredera de la ateniense, la nación española en la descendiente de la Hispania romana, o la vasca en la heredera de los vascones que lucharon contra Roma. Cuando equiparamos términos (significantes como *nación,* venido del latín *natio*) y pensamos que su significado es único y equiparable, o que al menos ha progresado en una línea concreta.

> «Now for something completely different»,
>
> *Dicen que dicen,* La Oreja de Van Gogh.

Ahora, si digo que un enfoque en la diferencia nos ayuda a proyectarnos hacia el futuro es porque abre un enorme campo de posibilidades. Normalmente consideramos las diferencias como algo negativo (la falta de), pero esto solo es así si las vemos en el marco del hilo que une «lo nuestro» con el pasado. Si pensamos que la democracia ateniense es como la nuestra *salvo por* los detalles de la esclavitud, la exclusión de mujeres, etcétera. Como si le hubieran faltado un par de ingredientes. Pero, en realidad, **la diferencia abre la puerta a la afirmación, a confirmar que la realidad es múltiple, es diferente por sí misma y no por comparación.** Que no había un camino marcado hasta el presente y por tanto no lo hay hacia el futuro.

Francis Fukuyama, como otros tantos, afirma que la caída del bloque soviético a finales de los ochenta, y la «victoria» de las democracias liberales occidentales en la Guerra Fría eran el fin de la historia. No porque ya no fueran a pasar cosas, bastaría haber vivido el año 2020 para saber que las cosas no dejan de pasar, sino porque ya no hay una alternativa a la forma de gobierno que ganó la guerra. La democracia liberal capitalista es el último estadio en la progresión lineal de la historia. No hay alternativa.

Ahora, ya he dicho antes que lo de la historia como progreso no tiene mucha base. Y Francis Fukuyama dice muchas tonterías. Pero hay una cierta realidad en la idea de que es difícil imaginar alternativas para el futuro cuando no las puedes ver en el presente. Y sin embargo hay una cantera enorme donde podemos ver diferencias y alternativas: en el pasado. El problema es que tendemos a proyectar nuestros propios deseos e identidades en él, y de esta forma pasamos a no ver alternativas tampoco en el pasado, sino que lo colonizamos con nuestros conceptos (nación, sexualidad, raza...) o con nuestras definiciones de estos.

No se trata de volver al feudalismo, ya que volver a algo es imposible. Se trata de explorar en qué otras formas las distintas sociedades humanas se han pensado a sí mismas, tratando de abstraernos, en lo máximo posible, de nuestros propios marcos, que condicionan nuestra forma de aproximarnos a ellas. Obviamente nunca será del todo posible hacerlo, pero es en el enfoque en estas diferencias donde podemos empezar a imaginar alternativas para entender el presente, o imaginar el futuro. Alternativas a una realidad que consideramos dada y evidente.

Por ejemplo, las relaciones entre el entorno humano y el entorno físico desde la Ilustración, la división entre naturaleza y cultura han dado pie a una separación, y una jerarquía en la que el ser humano debe controlar y dominar a la naturaleza. Descartes estableció la diferencia entre cuerpo y mente (aunque realmente otros filósofos antes habían jugado con esa idea). Pienso luego existo, la razón está por encima de lo físico. Esta filosofía facilitó una serie de procesos como la separación radical entre una serie de dicotomías, donde un elemento estaba por encima del otro (hombre, razón, mente frente a mujer, emoción, cuerpo). Bajo ciertos sistemas económicos esta misma separación entre el hombre y la naturaleza se dio en la forma de control y, finalmente, de explotación: el mundo natural como mera mercancía que explotar. Algunos resultados de esta justificación nos pueden ser familiares hoy por hoy, tales como el aumento en la emisión de gases invernadero, la destrucción de la capa de ozono, la sobreexplotación de bosques y minas y, en general, lo que llamamos el *cambio climático*.

Si entendemos cómo se creó esta concepción entre lo natural y lo humano, entre cuerpo y mente, podemos entender cómo hemos llegado hasta aquí. Pero si por otro lado buscamos comprender las diferencias de la mentalidad preilustrada (o ailustrada, no previa a la Ilustración europea, sino ajena a ella), podremos observar que hay alternativas.

Podemos hablar, por ejemplo, de sociedades indígenas donde se entiende que el entorno está vivo, que no solo los humanos tienen alma, sino también los animales o las plantas. Por ejemplo, grupos maoríes de Nueva Zelanda consideran algunos ríos y bosques como personas, o ancestros, y recientemente el Gobierno les ha dado un estado legal que los equipara a personas. Es decir, existen otras formas de concebir nuestras relaciones entre lo humano y lo no humano (o más bien, de definir qué es lo humano, qué es una persona o qué es un bosque). Pero no tenemos siquiera que irnos a cosmovisiones «exóticas», lo vemos en la propia historia del continente europeo.

Por ejemplo, en la Alta Edad Media se extendió el modelo germánico por el cual no había una división clara entre el espacio doméstico y el salvaje, sino grados, entre la casa, la granja y el bosque, donde vivían elfos, lobos u otras criaturas. No era una definición dentro de una dicotomía, donde lo salvaje tenía unos valores concretos asociados por oposición a lo doméstico, sino un espectro, con grados más basados en la seguridad y el conocimiento, y la presencia de otros entes y espíritus distintos a los humanos, pero no inferiores.

Es decir, nuestros «antepasados» eran más diferentes a nosotros de lo que podríamos pensar o querer admitir. Si damos un paso atrás para observar ese árbol que llamamos la *cultura occidental,* con esas profundas raíces grecorromanas, nos daremos cuenta de que, más que un árbol recio, se parece a un seto. Las ramas se enredan unas con otras, las raíces de un punto comunican con otras, y no podemos detectar un punto de partida y un punto final, una raíz y una copa, sino que otros tantos setos vienen a entrelazarse, con una estructura más bien indefinida. Podemos elegir podar el seto por donde nos dé la gana para tratar de darle una forma que nos guste, pero igualmente esas imbricaciones, esas diferencias y renegociaciones de sentido están ahí.

Si examinamos nuestra famosa historia, la española, a menudo el relato nacional ha excluido al-Ándalus como el enemigo contra el que se forjó la verdadera España, bajo conceptos como el de la Reconquista. Sin embargo, **muchos elementos que pasaron a influir o determinar la cultura española llegaron a la península por medio de la conquista islámica,** o son resultado de un largo proceso de ochocientos años en el que una parte mayor o menor de los territorios que hoy forman España estuvieron densamente conectados con el mundo islámico. Desde platos como la paella hasta danzas y elementos musicales.

El franquismo hizo gran uso de la narrativa de la pérdida de España y la Reconquista para la salvación, por ejemplo. Podríamos decir que intentó podar el seto para crear una narrativa concreta de la España (nacionalcatólica) cuya esencia definitoria era la religión. Y, sin embargo, el mismo franquismo empleó la imagen de la España exótica, del flamenco, los volantes, la Giralda, para atraer el turismo europeo sobre todo a partir de los sesenta. Ramas del seto que están completamente enredadas en influencias que escapan de ese relato de lo «nuestro».

Si volvemos al ejemplo de la democracia griega, frente a la democracia «liberal», muchos de los debates sostenidos a principios del siglo XVIII sobre la separación de poderes, o de la noción de libertad personal, venían no de manos de diálogos con los autores griegos clásicos, sino con nativos americanos. Ya hemos hablado de la confederación *haudenosaunee,* cuya forma de organización era más asamblearia y democrática de lo que un colono europeo medio estaría acostumbrado a ver, pero hay otros ejemplos.

En la colonización de Norteamérica, la falta de recursos de los europeos y la dispersión de la población nativa hacía mucho más difícil un avance y conquista directas. En su lugar, las autoridades coloniales solían reunirse de forma regular con jefes y figuras prominentes de los grupos indígenas de la zona. Entre ellos encontramos a Kandiaronk, emisario de la confederación *wendat* con los franceses. Y de estos encuentros salían extensos debates de moralidad, de economía o de religión ante lo que era la confrontación de dos mundos. Los testigos, religiosos y seglares, alabaron la capacidad de debate y raciocinio, la brillantez mental de Kandiaronk en estos debates.

Apenas una década después, uno de los asistentes a esas reuniones, el barón de Lahontan, escribió su ensayo en el que criticaba a la sociedad francesa en forma de un diálogo con un «salvaje». Para muchos, la figura del nativo era únicamente un mecanismo retórico, para criticar las absurdeces de la sociedad del Antiguo Régimen desde los ojos de alguien ajeno a ella (el famoso mito del buen salvaje), y desde luego esta obra inició una moda en ese sentido. Pero también estamos ignorando que, sin idealizaciones, muchos de estos grupos indígenas tenían concepciones de la libertad personal o sistemas de gobierno asamblearios, que para los europeos eran verdaderamente revolucionarios. El antropólogo David Graeber y el arqueólogo David Wengrow nos invitan a considerar que hombres como Lahontan, o incluso Benjamin Franklin, habrían conocido más de primera mano los sistemas de gobiernos de estas «naciones confederadas» que las polis griegas.*

Así que, ¿podemos hablar de «nuestra historia»? Tal vez en el sentido más universalista, de la historia de los seres humanos. **Utilizar un *nosotros* es una gran técnica para vender, para hacer el relato más cercano, más *relatable*.**

Pero debemos recordar que decir que hay una historia nuestra implica que hay una historia de otros.

Y realmente en la complejidad de los procesos históricos nos sería imposible aislar a un colectivo concreto de ser parte de un mundo más vasto y complejo.

* Graeber y Wengrow, 2020.

Para entendernos: Hispania-Spania-España

Un debate bastante repetido entre sectores nacionalistas siempre trata en torno a la edad de la nación. Muchos países europeos ponen el origen de sus naciones en la Edad Media. Y en España no somos menos. Particularmente aguda, sobre todo a partir de finales del siglo XIX, ha sido la casi equiparación de España con Castilla (o la corona de Castilla histórica), por un proceso de metonimia, y el discurso de España como una nación que se fraguó contra el islam en ese periodo de ochocientos años conocido como la Reconquista.

El término *reconquista* en sí nació a mediados del siglo XIX, y aunque hoy en día su uso por historiadores, o en libros de texto, suele estar bastante más matizado, vemos que ha sobrevivido en el imaginario colectivo, dispuesto a ser recuperado en la exaltación política. Sin embargo, no vamos a tratar aquí este término, sino la idea de nación o, en concreto, la idea de España en el imaginario medieval, frente a la construcción nacional liberal o conservadora de finales del siglo XIX.

La idea de España en la Edad Media la conocemos sobre todo a través del análisis de la historiografía medieval, es decir, de las crónicas producidas por reyes y la más alta nobleza en las que se crean relatos de la historia de los pueblos que han poblado o pueblan la península ibérica, con una especial atención a los orígenes de los reyes en sí. Son textos que buscan no solo un mito de origen, como hemos visto con las crónicas de Alfonso III, también una legitimación de un poder concreto, que puede ser una dinastía real o la hegemonía de la nobleza laica sobre la eclesiástica, o de un reino sobre otro. Un repaso a estas fuentes nos muestra no tanto el surgimiento de una idea concreta de España de un ente geográfico a uno nacional, sino la confrontación de muchas ideas que no «evolucionan» en un único sentido, y que a menudo más que una «ideología nacional», lo que reflejan es la confrontación de ambiciones políticas. Como *Juego de tronos*, pero con más sentido.

Podemos empezar con la *Laude Hispaniae*, de Isidoro de Sevilla, escrita en el siglo VII como prólogo a su *Historia de regibus Gothorum, Vandalorum et Suevorum*. Este prólogo se ha puesto a menudo como el origen del concepto de nación española y, aunque sí que ensalza una idea de un reino unificado por los godos, en este extenso texto esa percepción va más unida al solar geográfico peninsular, y los numerosos (y nobles) pueblos que lo habitan, que a una idea de un pueblo español. Pero, eso sí, este texto será muy influyente en los siglos siguientes para crear y exaltar sentimientos identitarios.

Una vez cae el reino de Toledo y la mayor parte de la península está bajo dominio musulmán, las ideas que se busca transmitir bajo ese término son mucho más variadas —estamos hablando al fin y al cabo de unos ocho siglos— y, yo diría, interesantes. Las primeras crónicas tras la conquista islámica hablan de *Spania* en el ámbito de la patria, la tierra y sus habitantes, dominada antes por los godos, ahora por los musulmanes. Incluso en crónicas que buscan legitimar la monarquía astur como heredera de los visigodos, como las de Alfonso III ya discutidas, Hispania como término se refiere a menudo exclusivamente a las tierras andalusíes, hablando de gentes venidas de Hispania hasta llegar al reino astur.

Estas crónicas astures, en la tendencia que los historiadores han llamado *neogoticismo,* buscaba legitimar, eso sí, que el pueblo godo podría tal vez expulsar a los musulmanes de la península. Pero en ese mismo siglo X, crónicas producidas en Navarra, como el Códice de Roda, decían que quienes iban a terminar reinando sobre Hispania serían los romanos, no los godos, pues esos reyes se veían descendientes de los primeros y no de los segundos, que habían desaparecido. Cada rey elegía qué quería del menú. Algo similar ocurriría siglos después, cuando Jiménez de Rada pusiera a los godos como el pueblo central en la secuencia histórica de España, más que los árabes o los romanos, que reciben sus historias autónomas.

Más interesante es incluso si inspeccionamos las fuentes árabes, pues, aunque el nombre cambia de Hispania a al-Ándalus, vemos relatos igual de fantasiosos sobre la idea de la tierra que habitaban y los pueblos que la habían pisado. La historia de los soberanos de al-Ándalus, escrita por al-Razi, incorporaba elementos que habría heredado de la tradición de Isidoro de Sevilla, con una descripción similar de Hispania y, además, añade un elemento novedoso: la idea de unos hispanos primitivos, liderados por un tal Espán y descendientes de Jafet. Esta historia y esta búsqueda de una identidad común basada en la patria geográfica y no en el pueblo (godo, romano, árabe) al que se perteneciera mezclaba fuentes latinas y cristianas con locales, y con la historiografía islámica. Y esta misma concepción influyó en futuras crónicas cristianas, que volverían a hablar de Jafet y del rey Espán, entre ellas el *Chronicon Mundi* de Lucas de Tuy o la *Estoria de Espana* de Alfonso X.

Y si nos adelantamos unos cuantos siglos, sobre todo a partir del XIII, cuando los reyes cristianos ya controlaban la mayoría de la península, volvemos a ver una multitud de conceptos de *España* y de *los españoles* (o más bien *los hispanos*) como colectivo, aplicado tanto a cristianos como a musulmanes, de los distintos reinos. Pero cada reino producirá sus crónicas con sus ideas y significados asociados a las mismas palabras. La de Lucas de Tuy, leonés, pondrá a Hispania como León y Castilla, igual que harán Alfonso X y Jiménez de Rada, obras que serán muy influyentes en crear un modelo de crónica; en la Corona de Aragón harán lo propio, y la *Crònica real* de Pedro IV pondrá Hispania como Aragón. La historia de los otros reinos es relevante solo cuando atañe al propio. Debemos tener en cuenta que estas historias eran producidas por gente de las élites, culta, pero para satisfacer a los reyes a quienes servían. Era la historia no tanto de una nación como de los linajes que habían llevado hasta el rey del momento.

En este contexto, España se convierte en un término geográfico con unos perfiles culturales, una idea de ancestros comunes; pero también en un horizonte político, una lucha por la preeminencia frente a los otros monarcas. Qué rey y qué dinastía tenía el mayor prestigio y poder dentro del mismo territorio. Quién llegaría a ser la Regina George de entre las *Plastics*. Bajo algunos monarcas como Alfonso X, este deseo tomará la forma de un proyecto imperial: el de convertirse en emperador de toda España. Esto acomodaba lo que era una realidad, la diversidad de reinos que reclamaban un pedazo de la península, a las ambiciones políticas de algunos monarcas de que se reconociera su superioridad frente al resto.

Pero aquí está la cosa: cada reino usaba la historia para subrayar su legitimidad, y una idea concreta de lo que para ellos era España y qué pueblos la formaban. Si para el monarca castellano-leonés Pelayo era un godo, emparentado con la antigua monarquía de Toledo, para el de Aragón los godos habían desaparecido y eran «los cristianos» del norte los que habían dado origen a las distintas monarquías. En Portugal, de igual forma, se hablaba de realidades plurales de lo que en ese momento se encontraba en la península.

Y más allá de que cada rey emplease el término para sus propios fines, también vemos que se trata de un concepto tremendamente flexible. La condición de hispano no se niega a los musulmanes en el *Chronicon Mundi*, y en la misma crónica de Alfonso X donde el monarca castellano está equiparando Castilla con España, se narra la historia de los califas de Córdoba, y de los almorávides y almohades como reyes o señores de España. Jaime I de Aragón, que protestó contra estas pretensiones castellanas cuando Alfonso X se hizo llamar *rey de España*, hizo años después un llamamiento para ayudar a Castilla en su lucha contra una sublevación musulmana en pos de «salvar Espanya». Y en todo este debate de léxico, tampoco podemos saber hasta qué punto estas ideas llegaron al conjunto de la sociedad, o si simplemente se quedaron en debates entre las élites por ver quién tenía el título más largo.

Y bien, ¿qué relevancia podrían tener todos estos debates sobre la idea de España en la Edad Media, cuatrocientos años después, en el siglo XIX? Ninguna. Como ya he dicho, estos debates y conceptos medievales tienen relevancia por sí mismos, no como paso intermedio hacia la sublimación de una idea concreta (en este caso de España). Pero realmente, si nos fijamos en cómo a finales del siglo XIX se estudiaba la idea de España en la Edad Media, el panorama es bastante desolador. Es en este contexto donde la historiografía nacionalista crea conceptos como la Reconquista, o se hace especial hincapié en la idea de la pérdida de España o se dan por ciertos algunos episodios dudosos, como la ascendencia goda de Pelayo.

«Callarse, catalufos, que no escucho el himno de mi Españita»,

Dragonite.

Autores como Menéndez Pelayo o Menéndez Pidal promoverán ideas como la existencia de un «alma» colectiva española, y jugarán un papel importante en la identificación de lo español con lo castellano. Castilla habría sido artífice de la recuperación del reino visigodo (y al ser el reino que trazaba sus orígenes con Pelayo, todo salía redondo). Tópicos que no eran del todo nuevos: Alfonso X también se veía de esa forma, pero ahora tendrían un refuerzo académico.

La matización, por tanto, de estas fuentes medievales, de su propia diversidad o de los diferentes conceptos que emanaban de ellas no importaba tanto. No se buscaba entender el concepto utilizado en su contexto, sino el hilo común, que con frecuencia era la designación de España como católica y enfrentada a los musulmanes. Se ignoraba la propia discrepancia entre los reinos cristianos, o las influencias mutuas o el intercambio intelectual entre territorios musulmanes y cristianos. El contexto en el que se habían escrito estas fuentes, y con qué objetivos, tampoco importaba. Y en este proceso, de búsqueda de la similitud, se proyectaban las identidades del momento al pasado.

Frente a una historia de la similitud, una historia de la diferencia y el estudio cercano de las fuentes medievales nos pueden dar claves no para legitimar la España del siglo XXI, o la España de una o muchas naciones, sino para entender, por ejemplo, cómo las élites, en su búsqueda de legitimidad, podían desde el poder crear discursos que cambiaban por completo la historia de los pueblos. O cuándo podemos ver que la historia de un ente político pasa a ser no la historia de los reyes que han gobernado un territorio, sino la historia de la población en su su conjunto y de una especie de esencia atemporal.

También podemos estudiar estas fuentes para entender otras formas de concebir las comunidades, que no se corresponden al nacionalismo. Un campesino castellano del siglo XIII no compartiría todas estas ideas de España, o los españoles, que se estaban escribiendo en los salones de Alfonso X, y desconocería, o no le importaría demasiado, si Pelayo era godo o no. El hacer de estos discursos algo que tenía que importar a todos los ciudadanos no llegaría hasta muchos siglos más adelante.

CAPÍTULO 6

LAS «OTRAS» HISTORIAS

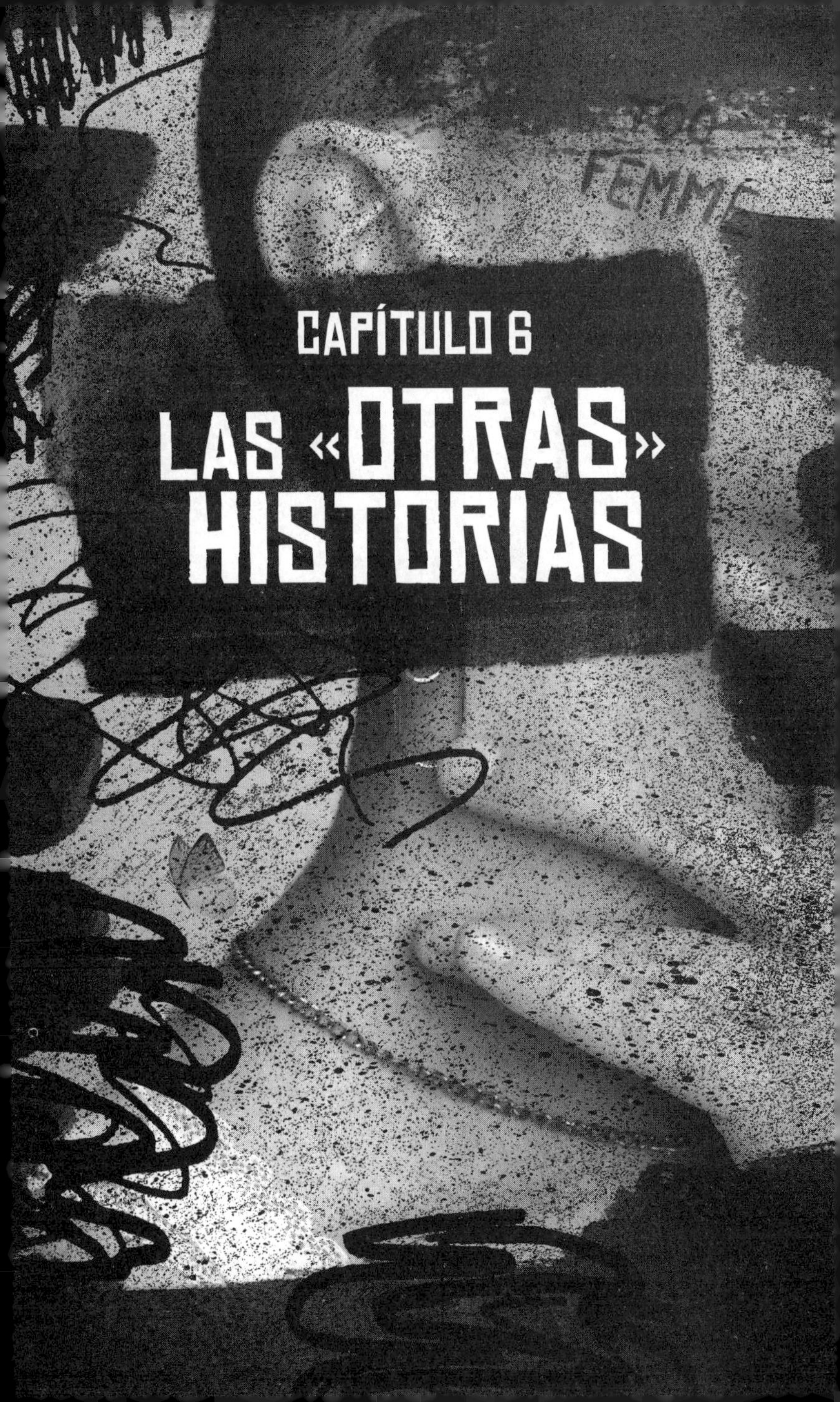

Como en el eterno retorno, quiero terminar por donde hemos empezado. A lo largo de este libro hemos visto que la historia es un relato y, a menudo, este relato está construido desde una perspectiva bastante determinada. La historia es un discurso de poder. Esto no quiere decir que haya una «historia oficial» contra la que hay que luchar, o semejantes discursos casi conspiranoicos, sino que las fuentes han tendido a reflejar la perspectiva o las vidas de ciertas capas sociales, y aún hay un enorme peso de una forma de ver el pasado (o al menos enseñarlo) como la sucesión de eventos políticos y militares. Por ejemplo, las grandes batallas de la historia siguen colmando las horas del Canal Historia, y los videojuegos de ambientación histórica suelen girar en torno a la estrategia militar y la guerra.

Así que, ¿qué hay de las otras historias? La historia social, la historia de las emociones, la historia de género... Si la palabra *historia* a secas a menudo evoca imágenes concretas, para hablar de estas otras historias parece que tenemos que hacer especial hincapié en el complemento del nombre. Pero, en realidad, incluso la propia historia militar hoy en día dista mucho de lo que podemos ver en esos documentales ya mencionados. No son un comentario de los movimientos de tropas en el campo de batalla como si de un campo de fútbol se tratase, o una descripción de la panoplia militar como si fuera un número de *Vogue*. Hay historia social en el abastecimiento de las tropas, o en la vida en los fuertes romanos del *limes,* o un estudio de lo emocional entre las legiones romanas. Hay estudios de género en la construcción de masculinidades asociadas a la imagen del soldado griego, y hay disidencia sexual y homoerotismo en los tercios españoles. Es decir, **en muchos casos, la cuestión no es tanto cambiar el objeto de estudio en sí, sino la aproximación.** No mirar hacia otro lado, sino cambiar el enfoque para descubrir cosas que siempre estuvieron ahí, pero en las que tal vez no nos fijamos tanto.

Este último bloque será precisamente para ello, para hablar de las «otras historias», que no son tan «otras» como pudiéramos pensar: hay revistas académicas, conferencias y numerosas tesis de todas ellas, pero tal vez no son lo primero en lo que pensamos cuando nos dicen *historia,* sino que necesitamos ese maldito complemento del nombre.

NO PUEDO MÁS CON ESTA SOCIEDAD

Algunos de los historiadores que se han mencionado a lo largo de este libro abogaban por una historia social, estudiar los cambios de las estructuras sociales en su conjunto, y cómo afectaban a la gente «normal», a las capas más «comunes». Esto fue en gran parte a partir de los cincuenta, en respuesta a la tendencia a fijarse en las élites y a las narrativas de los grandes hombres. La historia social, en un intento por entender la vida de esos grupos que rara vez tuvieron acceso a la escritura y que no dejaron un registro evidente, buscó más allá. En las fábricas, en los edificios, en informes contables, en censos y actas judiciales, o en representaciones literarias y culturales, aparecían retazos de la gente corriente, y de cómo participaban en procesos sociales complejos. Los primeros estudios se centraron sobre todo en los sistemas económicos, en la vida de los trabajadores durante los siglos que dieron forma al capitalismo. Otro modo fue detenerse a observar el mundo que los rodeaba, y desde ahí rastrear los orígenes de un movimiento social, un concepto, una forma de organización...

Algunas críticas surgieron, pues la tendencia del momento era a ver la sociedad como formada por unas estructuras inamovibles, y modelos totalizantes que se ponían en conflicto. Pero la práctica caló hondo. Así, la historia social dio pie a estudiar la historia de la familia, de la clase, del género, de la infancia, de la sexualidad, de la etnicidad, del trabajo, del sindicalismo...

Así pues, la historia social revolucionó tanto el panorama que hoy día es un término amplio. Tan amplio que para algunos es demasiado inclusivo, pues engloba demasiadas subdisciplinas más concretas, hasta el punto de que toda historia que no fuese sobre un evento o sobre un «gran hombre» sería historia social.

> «Vivimos en una sociedad»,
>
> el mimo ese de Batman.

Para otros, la historia social se superó (o reformó) cuando esta idea de estructuras totalizantes de grandes sistemas se tuvo que matizar, y se pasó a estudiar más la experiencia concreta de estos conceptos y prácticas discursivas. Digamos, por ejemplo, cuando se pasó de estudiar la formación de «la clase» como categoría o grupo a estudiar la conciencia de clase en Estados Unidos a principios del siglo xx. Pero realmente las herramientas se siguen empleando, y existe un cierto equilibrio entre los análisis microscópicos y los macroscópicos. Hay infinitud de grises entre hablar de particularismos sin fin, decir que un grupo humano concreto en un momento concreto es particular y experimenta el mundo de forma particular, y hablar de los comportamientos de grupos sociales como si los grupos tuvieran una mente colmena.

El gran logro de la historia social ha sido demostrar cómo distintos sistemas, desde el modo de organizar las relaciones familiares y de producción hasta la idea de pureza de sangre, de honor o de recato, no están aislados, sino que se han afectado los unos a los otros y han dado pie a cambios a nivel individual y a nivel global. Por ejemplo, los estamentos de pureza de sangre en el Antiguo Régimen dieron pie a una categorización de las mezclas de sangre e ideas de suciedad que afectaron al pensamiento y al surgimiento de la idea de raza. Al mismo tiempo, la idea de categorizar estas mezclas de sangre funcionó como un mecanismo de control social por parte de las élites, para evitar el ascenso de ciertas «mezclas» o su acceso a ciertos oficios. Un estudio social de la historia nos muestra cómo las distintas piezas de la sociedad se engranan y modelan unas a otras.

Otro ejemplo: los modos de producción en el mundo urbano a finales del siglo xix y la migración masiva del campo a la ciudad privilegiaron la idea de la familia nuclear, cortando vínculos de cuidado y afecto con la familia extensa. En este mundo, ideas de la mujer como el ángel del hogar, la principal responsable de los cuidados de ese mismo núcleo, se reforzaron y, al menos para quienes podían permitírselas, se propagaron con fuerza a través de novelas, imágenes, teatro o cine. Pero esa influencia no fue en una única dirección. Mujeres de las clases populares que no podían, o no querían, adecuarse a esos modelos se integraron en la fuerza de trabajo o crearon arte y prácticas que desafiaban esos mismos cánones. Y aunque la familia nuclear pervivió, la liberación femenina puso un nuevo desafío a ese concepto de la mujer como la única encargada de los cuidados. O al menos en teoría, pues aún estamos trabajando en ello.

¿LA MUJER DE QUIÉN?

En la propia carrera de historia ofrecida en muchas universidades hay una asignatura llamada Historia de las Mujeres. Obviamente esta asignatura intenta, entre otras cosas, traer a las mujeres como sujetos históricos al frente, en lugar de tenerlas en silencio o como extras de fondo. **En un mundo ideal, por supuesto, no haría falta una Historia de las Mujeres,** pues estarían de por sí integradas en las otras tantas asignaturas (digamos, por ejemplo, Historia de Roma), pero el estudio del pasado ha tendido a imaginar el sujeto «neutro» como masculino.

Esto es incluso más llamativo en arqueología, donde a menudo encontramos evidencia de prácticas, o de oficios, pero no de las personas que manejaban esas herramientas. Es difícil saber si las manos que hicieron esa cerámica o el aliento que sopló el vidrio para hacer esa copa fueron de hombre o mujer. Y en muchos casos es también difícil saber quién las usaba, así que durante mucho tiempo hemos tendido a transportar nuestras ideas sobre lo que es femenino y lo que es masculino al pasado. Los objetos del hogar pasaban a ser femeninos, los de labranza o trabajos industriales (como la metalurgia), masculinos. O incluso cuando no se hablaba del género o el sexo de las personas que utilizaban estos objetos, la tendencia era a imaginar ese ente neutro como un hombre. Las reconstrucciones artísticas o la interpretación de las pinturas rupestres imaginaban la caza del mamut como una actividad realizada solo por hombres, y en caso de que no fuera así surgía cierto escepticismo. **La presencia de hombres en los restos arqueológicos se asumía, mientras que la de mujeres tenía que justificarse.**

Esto, por supuesto, ha llevado a errores bastante curiosos. Por ejemplo, cuando en 1889, en Birka (Suecia), se descubrió el enterramiento de un individuo del siglo x con una panoplia guerrera que incluía una lanza, un hacha, una espada, escudos y dos caballos, se asumió rápidamente que era un guerrero vikingo curtido en batalla. Pero BJ 581 no era la tumba de un guerrero cualquiera, sino el epítome de la tumba de un guerrero vikingo. Un siglo después, empezaron las dudas, pues la morfología del esqueleto parecía femenina, y en los últimos años un análisis concluyó que los cromosomas del individuo BJ 581 eran XX y no XY.

La noticia sacudió a la comunidad científica, y a la posibilidad de que efectivamente el guerrero de Birka fuese una mujer muchos respondieron con suspicacia: tal vez era la mujer de un gran guerrero, pero los restos de su esposo no se conservaron, o tal vez el guerrero murió en alta mar; o quizá los restos se habían traspapelado en el museo, y lo que habían analizado los arqueólogos en 2017 no era lo que se había desenterrado en 1889. Por supuesto todas estas posibilidades existen, muchos huesos y artefactos se han traspapelado y perdido en un museo, pero **que se alcen tantas dudas dice casi más sobre nosotros que sobre los vikingos.**

> «Mujer con mujer, hombre con hombre, y también mujer a hombre del mismo modo en el sentido contrario»,
>
> Verónica Velásquez, señorita Antioquia.

Pero, igualmente, una asignatura como Historia de las Mujeres va más allá de darles visibilidad. También analiza a «las mujeres» no como un sujeto histórico inamovible, que siempre estuvieron ellas, sino como una construcción social, que también ha cambiado a lo largo del tiempo. Cómo se ha concebido lo femenino, cómo se ha codificado a la mujer. Y aquí podemos ampliar y hablar de otra historia con un complemento del nombre que asusta a muchos: historia de género.

Decir *de género* asusta a más de uno. Como si fueran a llenar el *Age of Empires* con reinas, o poner legionarias en vez de legionarios. La historia de género no consiste en buscar a las mujeres en el pasado (aunque sigue haciendo falta), gritar *female power* y decir que todo lo que pensaste que fue hecho por hombres fue hecho por mujeres; consiste **en analizar el género como estructura que codifica los comportamientos humanos y los grupos sociales.** Es decir, cómo, en una sociedad o en un periodo, se pudieron entender lo masculino o lo femenino, qué actividades se consideraban aceptables para uno y otro, o cómo el género se relacionaba con otros elementos sociales como la clase, la etnia o la edad.

Esto significa también el estudio de masculinidades, desde emperadores hasta campesinos. Es decir, dejar de pensar en las mujeres, o los hombres (o esos temibles terceros géneros, de los que hablaremos después) como significantes vacíos y asumidos, y buscar sus distintos significados y cómo estos se han construido y adaptado. Volviendo a los vikingos: otros enterramientos de «mujeres guerreras» han aparecido por la zona de Escandinavia y, aunque pueden no ser muchos, son suficientes para que nos cuestionemos nuestras propias asunciones sobre el género en el pasado. No solo que los roles de género en las sociedades nórdicas pudieron no estar tan polarizados en mujeres = casa, hombres = guerra, sino que es posible que el género en sí se construyese de acuerdo a principios y patrones completamente diferentes. Que puede que para las mujeres de las élites fuese imposible participar en ciertas actividades que eran definitorias para las mujeres del campesinado.

Por ejemplo, cuando hablamos del género y lo femenino en al-Ándalus, en una sociedad islámica y medieval, la imagen que viene a la cabeza de muchos pudiera ser la del harén, o la mujer velada y aislada en la casa. Sin embargo, esta imagen está más asociada a mujeres de la élite que a grupos extensos de la sociedad. Entre los círculos de la élite, la poca movilidad de las mujeres era una fuente de prestigio, pues el honor de la familia se depositaba en ellas. Esto implicaba que las interacciones de las mujeres con hombres ajenos a la familia eran mínimas, o bajo supervisión. O al menos eso era lo que las normas sociales establecían como lo deseable, pues encontramos bastantes excepciones. Entre la norma y la realidad práctica suele haber un trecho.

Por contraste, en esos mismos círculos, las mujeres esclavas tenían una mayor libertad (por irónico que suene) de movimiento. Podían estar en una sala con hombres, y no necesitaban una vigilancia constante, pues de su comportamiento no dependía el honor de nadie. Podría extrañarnos que una mujer que literalmente era propiedad de su amo contase con mayor «libertad» como la entenderíamos ahora (libertad de acción y movimiento) que una mujer libre. Sin embargo, estas mismas mujeres libres sobre las que pesaba la vigilancia moral y social también contaban con derechos a tener y disponer de propiedades o sus propias ganancias; algunas emprendieron negocios o dejaron extensas herencias.

En el mundo urbano, si bien había espacios como el zoco donde se daba una mayor vigilancia para procurar un comportamiento correcto y una interacción apropiada entre hombres y mujeres, las mujeres salían de sus casas para trabajar si eran de capas más humildes, para vender su producción doméstica, para acceder a los baños públicos y un sinfín de tareas cotidianas.

En el mundo rural, las mujeres ayudaban a menudo con la labranza y las tareas del día a día que se extendían más allá del espacio doméstico, y a diferencia del espacio urbano, su movimiento podía estar menos limitado, ya que, como en cualquier pueblo, «todos se conocían», o eran parte del mismo grupo familiar o tribal, y había un menor riesgo al honor. Al contrario, las normas sociales podían ser mantenidas simplemente por estar en un ambiente de vecinos cotillas, en lugar de una autoridad religiosa ordenando horarios o vigilando. Radio Patio siempre fue más efectivo. Por otro lado, a partir de cierta edad, gran parte de esta vigilancia moral se relajaba, tanto por la posición social más asentada de las mujeres mayores como por la desaparición de su capacidad para tener hijos.

Es decir, que no podemos hablar de una única experiencia como epítome de la mujer andalusí, o de una única forma en la que una sociedad patriarcal codificaba lo femenino, ya que el estatus social (libre o esclava), el nivel económico o el contexto (urbano o rural) en el que viviese daban pie a una multitud de formas de entender, seguir (y romper) la norma. Por otro lado, estas normas sociales no se mantuvieron fijas en el tiempo, y a menudo lo que nos encontramos es que estamos tomando una imagen muy concreta (en este caso, la de la mujer musulmana como mujer velada) para llevarla al pasado y generalizarla.

Si queremos entender el género en al-Ándalus (y en concreto en relación con la feminidad), tal vez los elementos clave fuesen el honor y la estructura familiar, que afectaban en la práctica a la interacción entre hombres y mujeres, la organización de las prácticas domésticas o la regulación del espacio urbano. Esto nos habla de otra mentalidad y otras formas de organización social que, desde el siglo XXI, nos pueden parecer extrañas.

A menudo tendemos a pensar en el patriarcado como una mole que se ha extendido a lo largo de los siglos, y si bien muchos de sus elementos se repiten o riman, las formas en las que se ha manifestado y ha afectado a la vida de mujeres y hombres ha sido variada. Si leemos poesía, o fuentes literarias de la época, los autores masculinos defienden que las mujeres son más sexuales que los hombres. Algunos como Ibn Habib llegan a decir que es el deseo sexual lo que controla a una mujer.

Hoy día, tal vez por herencia de la moralidad decimonónica, la imagen de alguien que se deja llevar solo por sus impulsos sexuales, que piensa no con la cabeza, sino con los genitales, se nos antoja más masculina que femenina, y a menudo se considera a la mujer como desprovista del mismo apetito sexual que el hombre. En ambos casos, por supuesto, estamos hablando de temidos constructos sociales.

UN DÍA SIN OTRO

Hay otra historia que también debe mucho a la historia de género, y es el estudio de la vida cotidiana. De esas actividades que, tal vez por rutinarias, tienden a ser invisibles o a normalizarse. Esta es la historia del día a día, y lejos de ser meras curiosidades históricas, su estudio nos muestra cómo vivía la mayor parte de la población la mayor parte del tiempo.

Pero esto va más allá. Si observamos de cerca, estas prácticas están imbricadas en una multitud de significados. El filósofo francés Pierre Bourdieu lo llamaba *habitus,* la repetición de actos, o disposiciones, que por rutina estructuran nuestra forma de actuar o pensar y nos hacen comportarnos de ciertas formas. Repetimos algunas cosas tan hasta el hartazgo que nos salen solas y sin pensar, pero dicen mucho de cómo vemos el mundo. Miramos a los lados antes de cruzar la calle o saludamos (al menos hasta 2020) dando la mano. La forma en la que cocinamos, en la que nos reunimos para comer, cómo cuidamos de los mayores o nuestras pautas higiénicas dicen más de lo que pensamos sobre nosotros mismos, sobre la clase social en la que nos hemos criado, o cómo nos entendemos y cómo conceptualizamos cosas como el cuerpo, el orden o lo saludable. Así, **en el estudio del día a día podemos descubrir más de una sociedad que si nos centramos en los grandes eventos.**

> «No para, no para, no para»,
>
> Mila Ximénez.

Por ejemplo, en las islas del Egeo, durante la Edad de Bronce, encontramos una práctica bastante frecuente, y que ha llamado la atención de los arqueólogos que estudian estas sociedades: los banquetes. En muchos yacimientos se han encontrado una gran cantidad concentrada de cerámica (toda con funciones muy específicas para servir comida o bebida) y huesos de animales, que se enterraron de forma periódica. La conclusión es que, a las afueras de los asentamientos, o en los grandes palacios, se reunía todo el grupo de manera regular para celebrar grandes fiestas en las que comen o beben juntos. Como al final de cada cómic de *Astérix*. En este mismo contexto, por otro lado, vemos aparecer las primeras élites, con sus palacios, sus joyas o bienes de lujo. Estas élites concentran los recursos de la comunidad y los redistribuyen, en actos como estos banquetes. Pero vemos que, a la vez que van apareciendo estas élites, y su poder aumenta, cambian algunos de los patrones y las formas en las que se realizan estos actos comunales. Vemos cómo los banquetes pasan a celebrarse en estos grandes palacios de los gobernantes, lo que favorecía que estas reuniones sirviesen como instrumentos de control social y para la negociación de relaciones políticas.

Por ejemplo, en el palacio de Néstor, en Pilos, los festines pasan a distribuirse en varias salas, algunas en enormes patios con capacidades de hasta ochocientas personas, y otras con un acceso más restringido y con menor capacidad (de unos cincuenta), como una especie de reservado para los que estuviesen más cercanos al poder. Si no estabas en lista, no entrabas. Esto ayudaba a crear vínculos con los de tu propia clase, mientras que legitimaba y reconocía la posición social de cada uno. Por mucho que estuvieran haciendo lo mismo (comer y beber juntos y a la vez), según dónde estuvieran, sabrían cuál era su estatus en el grupo, a quiénes eran superiores y a quiénes inferiores. Pero con el tiempo, además, incluso cambiaron las propias formas de servir y consumir la comida. Entre la primera Edad del Bronce y las fases II y III de este yacimiento, se pasa progresivamente de consumir la comida de grandes platos comunales a platos más pequeños e individuales, donde cada uno tomaría su ración, creando un sentimiento de individualidad dentro de lo comunal. En las zonas más restringidas, en cambio, la vajilla utilizada era más fina, o incluso de metal.

Estos detalles, que a lo mejor a alguno le parecen curiosidades históricas, o simplemente aburridos, nos hablan de la emergencia de sociedades «complejas» con una mayor diferenciación social. Nos hablan también de cuáles eran las bases de su poder, y cómo la nueva élite se veía a sí misma y quería que otros la viesen: como la benefactora, responsable de alimentar a las masas. Y cómo, con el tiempo, estas altas élites impusieron una mayor distinción, y distancia, con los que eran sus tributarios. Fue a través de estos banquetes y estas formas de comer, de estas actividades cotidianas, como estos aspectos de desigualdad, o de distinción social, fueron interiorizados, aceptados y se fueron extendiendo. En definitiva, nos ayudan a entender no solo aspectos concretos de una sociedad, sino a esa misma sociedad de una forma más amplia.

MATERIAL WORLD

La historia, casi siempre, se centra en las personas, en lo humano, y aquí hemos hecho lo mismo. Pero hay otra forma más reciente de hacer historia (aunque no tanto para los arqueólogos), y es la historia de los objetos, o de las «cosas». Esto podría sonar a simplemente entender los pasos que ha tenido un objeto histórico hasta llegar a nosotros: los pasos en la cadena de producción para crear esa espada que ahora está en la vitrina de un museo. Y en parte es así, pero esta historia de los objetos, o la historia *a través* de los objetos, va más allá, pues investiga también cómo humanos y «cosas» se relacionan, se comportan y cambian.

En Occidente tendemos a pensar en lo que nos rodea como inerte. La mesa sobre la que escribimos no siente ni padece, existe y punto. Solo tiene importancia en tanto que se la damos nosotros, que somos los que la hemos comprado, o los que decidimos sentarnos a ella para estudiar. Sin embargo, esto no es del todo así: esa mesa ha sido diseñada por unas personas que han tenido en cuenta, primero, las proporciones que llevan definiéndose desde el diseño industrial como más aceptables para una mesa de trabajo (con aspectos críticos como la altura, que afectarán a nuestra postura), han tenido que trabajar con los atributos de los materiales de los que está hecha, la flexibilidad de la madera disponible... Las partes probablemente las han hecho distintos fabricantes, y estas tuvieron que enviarse donde el objeto se ensambló, y ya el producto final se transportó a la tienda donde la compraste, y donde había solo un número limitado de opciones de mesas.

En todos estos procesos, para empezar, la mesa estuvo adquiriendo distintos significados y constituyéndose, desde la madera sin forma hasta ser el espacio de trabajo. E incluso el uso que le demos, como propietarios de esa mesa, puede cambiar a lo largo del tiempo: podemos usarla para trabajar o para hacer manualidades; puede adquirir cortes, o rallarse; puede aparecer una marca circular donde normalmente apoyamos nuestra taza de café, podemos incluso desarrollar un vínculo emocional con ella. Podemos venderla, o tirarla, y que otra persona la reutilice con otros fines, o use algunas de sus partes para algún proyecto.

«Estas... ¿cosas? Ah, de acuerdo. Entiendo. Crees que esto no tiene nada que ver contigo»,

Miranda Priestly en *El diablo viste de Prada.*

Bien, este es un ejemplo algo simple para demostrar que las «cosas» realmente son menos estables de lo que podríamos pensar: primero, todo está sujeto a cambios físicos, rápidos o lentos, accidentales o intencionados. Una catedral nos puede parecer que va a estar ahí siempre, que es mayor que la vida humana, pero está expuesta a elementos que van a debilitar el mortero, poco a poco, o puede sufrir un incendio por causa humana, o por un rayo. Puede que se destruya, o que se amplíe.

Notre Dame de París empezó a construirse en el siglo XII, y a medida que las técnicas de construcción del gótico se mejoraban, su forma y diseño fueron cambiando, casi según se iban colocando las piedras (la obra llevó unos ciento ochenta años). Y desde ese momento en el que podríamos pensar que la obra terminó, la catedral en realidad pasó por procesos de renovación, destrucción y degradación constante, hasta su reconstrucción y restauración en la segunda mitad del siglo XIX, cuando se añadieron elementos tan anacrónicos como icónicos de la catedral parisina: las gárgolas, o la famosa aguja, que en 2019 se vio destruida por un incendio. No ha habido un momento en que Notre Dame simplemente haya «existido», sin cambios, o en una forma pura y absoluta, que haya estado concluida y sellada. La otra forma en la que los objetos cambian es en el uso y el significado: esa misma catedral puede pasar de ser un lugar de culto a un refugio o, desde el siglo XIX, una atracción turística para gente de toda creencia religiosa. Puede incluso ser todas estas cosas a la vez, dependiendo del visitante.

La arqueología, al centrarse en los restos materiales, tiene una larga trayectoria de pensar en la relación entre humanos y entes inanimados. A menudo esta relación se ha visto desde el punto de vista de que lo material es una expresión de nuevas formas de ver el mundo. Por ejemplo, James Deetz estudió las historias escondidas en las «pequeñas cosas olvidadas». En los cambios en las formas de comer, de dormir o de enterrarse, a partir del siglo XVIII en Norteamérica, Deetz veía algo más: los enterramientos comunes se fueron sustituyendo por cementerios familiares, las casas pasaron a organizarse simétricamente, con habitaciones distintas que separaban el espacio público y privado, los modos de comer pasaron de comunales a tener servicios individuales alrededor de la mesa... Para Deetz esto reflejaba una nueva forma de ver el mundo basada en la individualidad y el control.

Sin embargo, la relación podría invertirse: más que lo material siendo reflejo de un nuevo orden mental, podría ser que los objetos en sí ayudaron a transformar nuestras relaciones. Es decir, que los cambios en la forma de servir la comida, por ejemplo, podrían haber sido no tanto el resultado, sino la causa de esta nueva concepción. Las cosas median en una cantidad de interacciones que es difícil de calcular, constantemente estamos siendo parte de un mundo material, como diría Madonna.

Y este mundo material afecta también a cómo nos entendemos. En el monasterio de Santa María de Huerta (Soria), fueron enterrados varios reyes y aristócratas del reino de Castilla del siglo XIII, entre ellos el arzobispo Jiménez de Rada. En su tumba se encontraron varias prendas que marcaban su posición de obispo, entre ellas la mitra, la casulla, el alba o la dalmática.

Estas tres últimas estaban hechas por manos musulmanas, confeccionadas probablemente en Almería. En la dalmática (una especie de túnica) podía leerse además una banda en árabe, invocando ventura *(al-Yumn)* y bendiciones *(Baraka)*. Estas prendas eran lujosas, y no solo hechas para ser enterrado con ellas, sino que las habría llevado en su día a día. Podría parecer contradictorio que el mismo arzobispo que había escrito sobre las Navas de Tolosa como una gran victoria, decisiva contra el enemigo infiel, eligiera vestirse con estas prendas y escritos en árabe para sus ceremonias religiosas, y ser enterrado con ellas para la otra vida.

En el monasterio de Santa María la Real de las Huelgas (Burgos) encontramos otros tantos ejemplos de reyes cristianos de Castilla eligiendo ser enterrados con sus mejores galas: tejidos islámicos. ¿Iban a encontrarse con su Creador vistiendo la ropa de infieles? Esto no sucedía porque hubiesen olvidado sus responsabilidades o su religión. Estas prendas eran vistas por las élites como símbolos de lujo, un lenguaje propio, más vinculado a la riqueza del material o las técnicas que a una identidad religiosa concreta. Se vestían para que fuesen vistas por sus iguales y por la gente «inferior», como marcas de poder. En este sentido, un enterramiento de un obispo cristiano, dispuesto a encontrarse con Dios cón ropa en árabe, no era una contradicción.

Es en la inspección de estos objetos cuando buscamos cómo se hicieron y dónde, o cómo se usaron, que podemos ver cómo el mundo material creaba formas de comunicación, e incluso de comprensión de uno mismo, más allá del mundo de las ideas. Además, cuando inspeccionamos estas prendas, vemos que si bien siempre se hicieron con gente poderosa en mente (no todo el mundo podía permitírselas, al fin y al cabo), el uso que se le daba en el mundo cristiano, frente al musulmán, era muy distinto, pues en los enterramientos islámicos, incluso de la élite, el muerto era enterrado en una mortaja, sin adornos ni prendas lujosas.

Es decir, cuando estas «cosas» cambiaron de manos, también cambiaron en su uso y significado, en las convenciones sociales y culturales en las que se enmarcaban. El proceso no es en una única dirección (son los humanos los que dan significados a las cosas), sino en múltiples direcciones: también estos objetos crean un lenguaje, cambiante y dispuesto a distintas interpretaciones. Es la dificultad del proceso de extraer y tejer seda la que hace que estas prendas no sean accesibles. Son el lujo de esos materiales, el color brillante de los tintes empleados o la suavidad de la seda los que facilitan que esos objetos sean parte de un lenguaje de lujo, o que se empleen en ciertas circunstancias. Pensamos que las cosas están ahí, pero representan, informan y transforman un mundo de relaciones y significados de los que solo nos damos cuenta cuando nos paramos a fijarnos en ellas.

¡QUE VIENEN LOS *CUIRS*!

Otro complemento del nombre que causa miedo cuando alguien lo menciona es la historia *queer*. Y tal vez sea por el miedo al *lobby* por lo que mucha gente considera que la historia *queer* viene a decir que tu mayor ídolo del pasado, muerto hace quinientos años, era en realidad no binario, o trans, o gay. Sinceramente, si quieres decir que Eleno de Céspedes para ti fue un icono trans, ya que sus vivencias resuenan contigo, pues tampoco voy a llegar cual policía de la historia a impedírtelo. Pero la historia *queer* es en realidad una deconstrucción, y análisis, de cómo hemos construido la norma con base en categorías supuestamente esenciales en torno al cuerpo, al sexo, al género o a la sexualidad. Y cómo estas etiquetas que hoy consideramos identidades son en realidad producto de un desarrollo histórico concreto.

> «Yo soy progay»,
>
> Rocío Jurado.

Por ejemplo, la regulación del deseo como una característica definitoria de la persona en torno a categorías concretas es algo bastante reciente en Europa. Si bien antes del siglo XIX habría habido condenas por sodomía, o por mantener relaciones con otro hombre, este era un acto en el que cualquiera hubiera podido caer, con el suficiente incentivo o tentación. Y, sin embargo, a partir de finales del siglo XIX, con la patologización del deseo, vemos aparecer categorías como el homosexual, el bisexual o, sí, incluso el heterosexual, todos ellos «afectos desordenados» que se desviaban de una norma. Es a raíz de esta patologización cuando vemos la extensión de una idea esencial: es algo con lo que se nace y que, aún más, define al ser. Esta misma categoría ha sido utilizada para condenar y justificar la violencia contra un colectivo concreto, ahora definido; y para la resistencia, para luchar contra el orden establecido y reclamar derechos y reconocimiento. Es por ello por lo que, cuando hablamos de homosexualidad en el pasado, nos encontramos con ciertas barreras.

En la Atenas clásica, el sexo se entendía como un acto de poder, de alguien superior hacia alguien inferior, y eran aceptables las relaciones sexuales, y el amor, de un varón, ciudadano, con adolescentes, con extranjeros o con esclavos, fuera de su matrimonio. Pero esta no era una relación entre iguales, sino que uno era el objeto de deseo (*erómeno,* 'el amado') y otro la parte activa (*erastés*, 'el amante'). Y, sin embargo, esto no nos habla de una homosexualidad generalizada, sino de una norma en la que el deseo se seguía regulando de acuerdo a unos patrones que, hoy día, nos son ajenos. Ambas partes tenían unos roles que cumplir no solo en la cama, sino también fuera de ella. El *erastés* actuaba como mentor, y ambos debían ser comedidos. Una relación homoerótica entre dos iguales hubiera sido un desafío a dicha norma como lo es hoy, aunque por distintas causas: por ejemplo, un estigma para el adulto que fuese la parte pasiva. Y pese a ello sabemos de casos que desafiaban esa misma norma. Hablar de homosexualidad en la Antigua Grecia, por lo tanto, puede llevar a la confusión, o aún peor, a la equiparación de estas identidades con esencias basadas en la efebofilia o la pederastia. Equiparaciones que suelen estar en la boca de algunos.

Si nos vamos fuera de la historia de Europa, vemos casos más recientes. Entre los *pangwe*, en África, el sexo entre hombres era considerado no una fuente de placer, sino un acto de salud y medicinal. Pero cuando en el siglo XIX, los colonos europeos se encontraron con estas actividades, calificarlas como desviaciones y a estos hombres como homosexuales jugó un papel enorme en la dominación del sujeto colonial. Estas prácticas «desviadas» se prohibieron, y el cuerpo y las actividades sexuales de los pangwe se intentaron integrar en los marcos sexuales occidentales. No podemos decir que los pangwe fueran todos bisexuales, o elevarlos al estatus de iconos LGTBQ+. Porque simplemente no entendían el sexo y la sexualidad de manera esencialista o identitaria, como podemos hacerlo en el presente.

Por otro lado, la historia *queer* nos permite cuestionar los binarismos construidos en torno al sexo/género. Hoy en día, en Occidente, separamos sexo y género, considerando el primero la base biológica sobre la que se impone lo segundo, los patrones culturales. Sin embargo, esta separación no es tan nítida en otras sociedades, y tanto en el presente como en el pasado encontramos formas de ordenar el género que desafían ese binarismo. Por ejemplo, entre los *chumash* de California, existen los *aqi,* un grupo formado por hombres en pareja o mujeres posmenopáusicas, es decir, personas que estaban fuera de los sistemas de reproducción. En la India, las *hijra* forman un grupo distinto, con sus propios cultos y rituales, de personas asignadas hombre al nacer, o personas intersexuales, o incluso algunas veces asignadas mujeres al nacer.

Incluso inspeccionando el glorioso pasado vikingo, del cual tenemos unas imágenes muy concretas, nos encontramos desafíos a este binarismo. En las sociedades nórdicas el *seidr* (que podríamos traducir por 'magia') eran una serie de rituales que incluían la profecía o la invocación de augurios. Cuando vives en un fiordo helado, pensar que puedes controlar los elementos e invocar el buen tiempo es bastante importante, así que las personas que ejercían el *seidr* eran importantes, aunque a su vez eran temidas o vistas con aprehensión. Practicar *seidr* era una causa de *ergi,* de falta de masculinidad, ya que normalmente eran las mujeres las que lo ejercían, a modo de chamanes. Pero divinidades como Loki y, sobre todo, Odín estaban asociadas a esta magia sin ningún tipo de problema. E incluso en la *Edda poética,* en el poema de Hyndlejod, se habla de la genealogía mítica de los chamanes, y se distingue entre tres: las *vaulur* (mujeres que hacen *seidr*), los *vitkar* (hombres que hacen *seidr*) y los *seidberendr,* término que se utiliza para calificar a hombres, pero cuya traducción se aproximaría a 'útero (o vagina) mágico'. E incluso en Vivallen (Suecia) se encontró la tumba de un individuo masculino que fue enterrado con vestimenta femenina.

Como ya he señalado antes cuando he hablado de las mujeres guerreras nórdicas, tendemos a ver estas desviaciones de «la norma» como excepcionales, en lugar de como manifestaciones de cosmovisiones y formas de ordenar el mundo que son completamente distintas a las que podemos pensar hoy, y que van más allá del simple: hombres = guerra; mujeres = casa. No se trata de decir que estas mujeres guerreras eran en realidad hombres trans, y los hombres chamanes eran mujeres trans, porque esa etiqueta solo tiene sentido en una sociedad con una trayectoria concreta, que ha ordenado los roles sociales tomando una base biológica esencial y dicotómica, fundamentada en caracteres «científicos», y donde rara vez se ha incluido toda la diversidad del espectro posible.

Personas intersexuales *esiten.*

Incluso sin salirnos del mundo escandinavo, en época vikinga encontramos ejemplos que rechazan una visión binaria del género o del sexo. El descubrimiento de un enterramiento de un individuo en Suontaka Vesitorninmäki (Finlandia), entre los siglos XI y XII, con prendas de vestir femeninas y dos espadas (una de ellas asociada y la otra cerca de él), ha llevado a varias propuestas de interpretación: se trataría o bien de una mujer guerrera, o bien de una mujer que habría sido enterrada con su esposo, el guerrero en este caso, cuyos restos no se habrían conservado. Los huesos no se han conservado en buenas condiciones, de forma que la interpretación del individuo como femenino se ha basado en las prendas y broches que llevaba, propios de otros enterramientos femeninos de la época. No ha sido hasta muy recientemente, en 2021, cuando se ha podido hacer un análisis de ADN para descubrir, con sorpresa, el cariotipo del individuo: tenía cromosomas XXY. Esto podría asociarse al síndrome de Klinefelter, que no es tan raro como pudiéramos pensar (1 de cada 576 nacimientos masculinos lo presenta), pero que no deja rastro alguno en el esqueleto. El síndrome en cuestión, y la falta de testosterona que puede conllevar, puede manifestarse de muchas maneras: anatómicamente la apariencia es masculina, aunque algunos individuos pueden tener ginecomastia (mayor tamaño de los pechos) o micropene, además de infertilidad. En muchos casos, estos cambios no son aparentes hasta la pubertad, y en otros, el síndrome pasa enteramente desapercibido.

Este individuo, que podríamos calificar por tanto bajo el término paraguas que hoy es la intersexualidad, había sido además enterrado con objetos y un ajuar que se correspondía a ambos «polos» del espectro binario del género si lo comparamos con otros enterramientos de la región. Así, algunos investigadores propusieron una interpretación: en una sociedad en la que la división entre hombres y mujeres podría estar asociada a ciertas características físicas, los cambios de la pubertad que se dieron en este individuo pudieron haber llevado a la construcción de otra identidad, alejada de ambos polos del espectro. Su género había estado asociado a su corporalidad, que tampoco habría encajado en el binarismo. El individuo de Suontaka, por tanto, podría haber sido una persona con una identidad no-binaria. Además, tal como se aprecia en la calidad de su ajuar y en que fue enterrado junto a su grupo y a la manera tradicional, parece que gozaba de una cierta consideración social. Es decir, incluso en una sociedad guerrera y masculinista como era la de la Finlandia medieval, esta persona fue respetada en su falta de conformidad a un modelo binario del género, tal vez porque cumplía otro rol en el grupo que ni hombres ni mujeres hubieran ocupado.

La historia *queer* va mucho más allá que el estudio de «homosexuales del pasado». Como hemos visto, no se trata de buscar las letras del alfabeto LGTBIQ+ en el tiempo, pues a lo que nos invita es a examinar la rigidez de nuestras propias estructuras y sesgos y cómo los transportamos al pasado, de forma intencional o involuntaria. Ya famoso es el caso de los dos amantes de Módena, una pareja de individuos del siglo VI que fueron enterrados juntos, agarrados de la mano. Ante el hallazgo, fueron rápidamente apodados amantes, y debido a la dificultad para sexar a los individuos a través de sus huesos, se concluyó que debían de ser un hombre y una mujer, y la relación entre ambos ser una sexual/romántica/afectiva. De amor, vaya.

Cuando, en 2019, se analizó la proteína dental y se concluyó que los cromosomas de ambos individuos eran XY, la relación amorosa antes asumida empezó a cuestionarse: ¿eran dos primos? ¿Hermanos? ¿Soldados y compañeros en batalla? Una especie de *gay panic* recorría los titulares buscando otras explicaciones. En realidad, es irrelevante si concretamente estos dos hombres tuvieron juntos una noche... de amor. Al fin y al cabo, sabemos que las relaciones homoeróticas existieron:

> «Ha habido maricones en toda la historia de la humanidad»,
>
> Paquita Salas.

Incluso sería posible que, de entre los dos individuos con cromosomas XY, uno se hubiese construido como mujer y, en ese caso, podríamos salvar la interpretación de que estos dos individuos eran una pareja heterosexual. Lo que es de interés es cómo trasladamos nuestros propios esquemas, de amor heterosexual y monógamo en este caso, al pasado para leerlo en él y buscar así su validación. Nos sentamos con comodidad en estas asunciones. Pero es solo cuando la evidencia apunta a lo contrario cuando parecemos dispuestos a hacer preguntas.

Es decir, el potencial de lo *queer* está en entender que nuestras concepciones del cuerpo, el sexo, la sexualidad o el género están socialmente construidas de maneras diversas. Que creamos una norma y buscamos sus precedentes en el pasado a menudo antes que estudiar la evidencia, para de esta forma entenderlo no como la norma, sino como lo natural. Entendido esto, podemos tratar de liberarnos de estas estructuras del pensamiento, tanto con la vista puesta en el pasado (para evitar «colonizarlo») como con la vista en el futuro, para imaginar nuevas maneras de regular el deseo.

TE DECOLONIZO

Últimamente se ven algunos titulares escandalizados ante las iniciativas por decolonizar los programas educativos en algunas universidades. La respuesta de muchos es que la historia que se enseña en Europa obviamente es eurocéntrica, igual que la que se enseña en África es afrocéntrica. Hay varios problemas en esta respuesta: el primero, que en estos países la historia también peca de eurocentrismo, debido a que la propia educación universitaria, y los programas de historia en las excolonias siguen los parámetros marcados en el periodo colonial. Y en el marco internacional, el capital académico y social que te permite ser un investigador exitoso™, también está marcado con la batuta del primer mundo. El segundo es que esta es una visión muy limitada de lo que *es* descolonizar, o de los postulados de la historia poscolonial.

Tras la Segunda Guerra Mundial (aunque un siglo antes si consideramos la mayor parte de Latinoamérica), la independencia de los territorios que habían estado bajo dominación colonial, sobre todo europea, dio paso a un cuerpo teórico y de análisis del fenómeno. Por un lado, los estados nación que sustituían a las antiguas colonias debían cuestionar la legitimidad colonial y poner en duda esa presunta inferioridad que la metrópolis había sostenido sobre ellos. Por otro, querían entender hasta qué punto el fenómeno colonial, estar dominados por un pequeño Estado al otro lado del océano al que debían obediencia, había condicionado sus modos de vida o de pensar.

La dominación colonial, en algunos casos, ordenó modos de vestir, la forma de las casas o de familia: reguló qué uniones eran aceptables, qué modales eran permisibles. Esto no dio, de forma total, el resultado que los colonizadores querían, porque no estamos hablando únicamente de la imposición de un Estado sobre un «salvaje». Ni siquiera de dos bloques antagónicos. Cuando estudiamos los procesos coloniales, descubrimos multitud de encuentros individuales, pacíficos o violentos; hallamos resistencias a la violencia o la resignificación creativa de las imposiciones coloniales. Puede que la metrópolis crease un sujeto colonial, pero los sujetos coloniales resistían esta simplificación y también creaban un sujeto colonizador. El colonizador era igualmente condicionado por el imperio y por los colonizados.

Es decir, el poscolonialismo rechaza una división binaria que separe entre colonizador y colonizado, porque el colonialismo tampoco es un bloque lógico, definido y monolítico. Incluso si nos fijamos en un único ejemplo, el Imperio español (o, mejor dicho, la Monarquía Católica o Monarquía Hispánica) y sus dominios de ultramar, veremos realidades muy distintas en el Valle Central de México, tomado por conquista, que en la frontera norte de Nueva España, donde la menor densidad de población y recursos motivó unos primeros encuentros con los indígenas en forma de «misiones», destinadas a reconcentrarlos (y convertirlos) para la explotación de su mano de obra. En las Antillas, el clima y la práctica «desaparición» de los indígenas (magnífico eufemismo) durante los primeros años de conquista, además de una conquista dirigida sobre todo por individuos a título privado, llevó en cambio a la importación masiva de esclavos para el cultivo lucrativo en plantaciones. En todos estos contextos, el marco de relaciones que se estableció entre súbditos o agentes coloniales se manifestó de maneras distintas.

Pero rechazar el eurocentrismo no consiste simplemente en empezar a hablar de reinos o imperios no europeos, de grandes artistas o músicos asiáticos o africanos. Consiste también en lo que el historiador Dipesh Chakrabarty llama *provincializar* Europa, algo que está muy asociado a la idea de progreso que ya hemos cuestionado. Esto no consiste en rechazar todo lo que huela a europeo, o negar el papel de Europa en la historia del mundo (sobre todo a partir del siglo XVI), sino cuestionar hasta qué punto el pensamiento europeo, en su intento universalista, ha sido adecuado para regular y entender modos de vida, cosmovisiones y horizontes plurales y diversos. Sugiere cuestionar cómo analizamos sociedades ajenas a «la modernidad» cuando estudiamos el pasado, pues tendemos a transportar nuestras propias categorías.

Por ejemplo, fruto de esta modernidad (el pensamiento europeo prevalente surgido a partir del siglo XV) tendemos a ciertas divisiones como entre la razón y la emoción, lo humano y lo animal, la naturaleza y la cultura. En estas divisiones dicotómicas, un término se pone sobre el otro, y el hombre (que no la mujer) se ponía al frente, el ser racional destinado a dominar y controlar el entorno. Sin embargo, en otras sociedades (y en la propia Europa hasta hace relativamente poco) estas divisiones no se conciben de la misma forma, sino que las relaciones son fluidas, el ser humano no está a la cabeza, sino que es una parte de un mundo complejo que incluye lo animal o lo natural, la geografía o el clima. Y esto indudablemente condiciona sus acciones.

Aun así, pensar de forma poscolonial no consiste en convertirse en un *hippie*-abraza-árboles-posmoderno que busca el relativismo cultural (todo es válido, simplemente es su propia cultura). **El colonialismo consiste en la expansión de formas de explotación, por parte de una potencia, hacia otros territorios.** En el caso del colonialismo europeo a partir del siglo XVI, esta explotación permitió asentar las bases del sistema capitalista y expandirlo a escala global. Es en este sistema en el que se crearon entes subalternos con base en categorías esenciales como la raza para justificar su explotación y el imperialismo.

«¿No amas a *Yisus*? Te *coloniso*»,

Beauty Brain.

Cuando el primer cronista de las Indias, Gonzalo Fernández de Oviedo, escribía, tan solo treinta años después de la llegada de Colón, que los indios eran de «natural ocioso, vicioso y de poco trabajo»,* estaba buscando una explicación a la resistencia

* Fernández de Oviedo, 1851, p. 71.

que estos mismos indígenas ponían a ser forzados a trabajar para beneficio de otros, pues muchos, con tal de no trabajar, huían al monte e incluso se suicidaban. Unos siglos más tarde, en el sur de lo que hoy es Estados Unidos, esta deshumanización estaría encapsulada en los esclavos negros. En estos siglos, vemos distintos procesos para la ordenación del mundo por parte de las autoridades coloniales, que crean con base en la sangre, o la raza, conceptos de impureza o de degeneración. En el siglo XVI, la justificación de la Monarquía Hispánica era la evangelización para la mejora espiritual de los indígenas. En el siglo XIX, cuando los ojos de Europa se volvieron hacia el continente africano, la justificación de la explotación que pasó al centro fue la de la *carga del hombre blanco* para ayudar a estas regiones del mundo a pasar por los estadios civilizatorios necesarios. Una historia poscolonial nos permite, por ejemplo, estudiar estos mismos mecanismos que crearon al sujeto colonial con base en ideas como el progreso, la barbarie, la raza o la sangre, y el contexto en el que estas surgieron.

Es decir, la crítica de muchos de los primeros autores poscoloniales fue tanto al colonialismo como a la lógica capitalista del desarrollismo y la explotación de la naturaleza y la sociedad para la acumulación de capital. La historia poscolonial ha permitido entender cómo este sistema surgió y cómo, tras la descolonización, ha perdurado. El sistema capitalista no ha desaparecido con las independencias de las excolonias en estados nación, sino que ha entrado en colaboración y conflicto con los estados creados en este proceso de descolonización, el intervencionismo del Norte global en el Sur global o las crisis ecológicas para perpetuar estas desigualdades. Esto, por supuesto, nos acerca a la historia contemporánea, pero ya hemos dicho cómo toda historia es, en realidad, contemporánea, pues se hace desde el presente. Puede resultar incómodo señalar el papel que la historia tiene en desgranar el capitalismo neoliberal («ya estáis politizando»), pero es imposible huir del influjo que fenómenos como el nacionalismo, el liberalismo o el colonialismo han tenido en la creación de la disciplina histórica y en los hechos históricos que estudiamos. En este caso, la historia poscolonial nos permite cuestionar el origen de estas narrativas, como el progreso, la individualidad o la nación (que se engarzan con la historia de lo que normalmente entendemos por Occidente), para buscar cómo han teñido nuestra lectura del pasado y buscar sujetos históricos y lecturas alternativas.

EL FIN DE LA HISTORIA

Quedan muchas más historias por presentar y aquí no pretendía ser exhaustivo. He hablado de la historia de los objetos, pero algo tan intangible como las emociones también puede estudiarse de forma histórica. El estudio histórico puede ir desde lo más global hasta lo más particular, como he ido presentando a lo largo de este libro, y es precisamente cuando tratamos de ir más allá de los sujetos históricos tradicionales (los reyes y las naciones) cuando podemos encontrarnos la riqueza del pasado.

La historia, se nos dice, se estudia para ayudar a comprendernos mejor, pero poco vamos a poder entender de nosotros mismos si nos quedamos en las grandes figuras, o buscamos una serie de características esenciales que se han propagado por los siglos de los siglos en la forma de una nación o pueblo. **El mundo hoy día es increíblemente complejo, y a menudo para entender *por qué* pasa algo, tenemos que rebuscar en el pasado.** Por un lado, para comprender las causas, pues algunos procesos históricos siguen extendiendo sus efectos hasta nuestros días: Engels no veía el origen de la desigualdad en la acumulación de grano en el Neolítico por nada. Por otro, porque esta mirada histórica nos va a hacer confrontar lo evidente: que nuestras lentes están algo coloreadas, y distorsionan lo que leemos. Y esta distorsión dice mucho de nosotros.

Si entendemos que una familia hace dos mil años hubiera sido similar a una familia nuclear actual, tal vez estemos transportando también, sin darnos cuenta, ideas como la valorización de la familia como unidad de consumo y acumulación, más que como unidad de producción, reproducción y cuidados, o estemos entendiendo una forma de familia como la natural. El sujeto histórico en el que nos fijemos, nuestros intereses, la óptica que adoptemos para construir el relato histórico van a decir más de nosotros que del pasado.

La historia nos permite entender cómo hemos llegado hasta aquí, pero, sobre todo, nos permite saber que otras formas de organización son posibles, que no vivimos en el Fin de la historia, como diría Francis Fukuyama. La historia no es una disciplina apartada del mundanal ruido, dedicada a contemplar el pasado buscando la inspiración de la musa Clío para simplemente contar los hechos. Es un ejercicio constante y activo de cuestionamiento de las fuentes y de nosotros mismos. ¿Estamos leyéndolo bien? ¿Significaba este término lo mismo para quien lo escribió hace quinientos años que para mí en el siglo XXI?

La investigación del pasado deja a menudo más preguntas que respuestas, y las respuestas que da suelen venir con asteriscos, cautelas y matices, más que con certezas. Porque el conocimiento del pasado avanza apoyándose en debates, a veces interminables y aburridos, pero necesarios. Debates en los que continuamente estamos descubriendo el modo de operar de las sociedades, presentes y pasadas, o el color de ese tinte que tenemos en nuestras lentes. Las certezas son cómodas, por supuesto, pero esta comodidad nos hace más dóciles y más vulnerables.

Si quiero que haya una moraleja, una lección al final de estas páginas, es que no estamos en el final de la historia. Ni donde estamos ahora es el resultado inevitable del devenir del tiempo. Cuando echamos la vista al pasado, a menudo, y sobre todo si lo hacemos sin las cautelas necesarias, tendemos a colonizarlo con nuestros esquemas actuales, pero como dijo un gran amigo mío: no hay nada más diverso que el pasado. Y tal vez eso me gustaría, que el pasado no se convirtiese en una cantera para la contemplación nostálgica, sino en un ejercicio para reimaginarnos, en el presente y en el futuro.

«¡No voy! ¡Se acabó la historia!»,

Chelo García Cortés.

BIBLIOGRAFÍA

CAPÍTULO 1. LA HISTORIA... ¿ES LA QUE ES?

ALI-DE-UNZAGA, M., «The Captivating Power of Textiles», en M. S. Graves (ed.), *Islamic Art, Architecture and Material Culture: New perspectives* (BAR International Series, 2436), 2012, pp. 15-37.

ARBESÚ, D., «De Pelayo a Belay: la batalla de Covadonga según los historiadores árabes», *Bulletin of Spanish Studies,* 88 (3), 2011, pp. 321-340.

CASAL, M. T., A. LEÓN, R. LÓPEZ, A. VALDIVIESO, y P. J. SORIANO, «Espacios y usos funerarios en la qurtuba islámica», *Anales de Arqueología Cordobesa,* 17, 2006, pp. 257-290.

ESPINOSA RUIZ, U., y S. CASTELLANOS (coords.), *Comunidades locales y dinámicas de poder en el norte de la Península Ibérica durante la Antigüedad Tardía,* Universidad de La Rioja, Logroño, 2006.

GARCÍA FITZ, F., *Las Navas de Tolosa,* Ariel, Madrid, 2008.

KINNEY, D., «Instances of Appropriation in Late Roman and Early Christian Art», *Essays in Medieval Studies,* 28 (1), 2012, pp. 1-22.

Kurrild-Klitgaard, Peter, y Gert Tiggaard Svendsen, «Rational Bandits: Plunder, Public Goods, and the Vikings», *Public Choice,* 117, 2003, pp. 255-272.

Linebaugh, P., y M. Rediker, *La hidra de la revolución: marineros, esclavos y campesinos en la historia oculta del Atlántico*, Crítica, Barcelona, 2005.

Pérez Marinas, I., «Las obras de las crónicas de Alfonso III: Crónica de Alfonso II sobre el final de los reyes godos, Leyenda de Covadonga, Crónica de Sebastián de Salamanca y Crónica de Ordoño I», *Journal of Medieval Iberian Studies,* 7 (2), 2014, pp. 249-265.

Winroth, A., *The Age of the Vikings,* University Press, Princeton, 2014.

Zabalo Zabalegui, J., «El número de musulmanes que atacaron Covadonga: los precedentes bíblicos de unas cifras simbólicas», *Historia. Instituciones. Documentos,* 31, 2004, pp. 715-728.

CAPÍTULO 2. DATOS Y FECHAS

Collins, R., *La Europa de la Alta Edad Media,* Akal, Madrid, 2000.

Colón, Cristóbal, *Textos y documentos completos, relaciones de viajes, cartas y memorias* [edición de C. Varela Bueno], Alianza, Madrid, 1982.

De Miguel Ibáñez, M. P., «Mortui viventes docent. La maqbara de Pamplona», *Actas XXXIX, Semana de Estudios Medievales de Estella,* pp. 351-375, Gobierno de Navarra, Pamplona, 2013.

Fenwick, C., «From Africa to Ifrīqiya: Settlement and Society in

Early Medieval North Africa (650-800)», *Al-Masaq*, 25, 2013, pp. 9-33, <https://doi.org/10.1080/09503110.2013.767008>.
GOMBRICH, E. H., *La historia del Arte,* Diana, México D. F., 1999 [1950].
HOLL, A. F. C., «The Origins of African Metallurgies», *Oxford Research Encyclopedias,* 2020.
TROUILLOT, M.-R., *Silenciando el pasado: el poder y la producción de la historia* [trad. M. A. del Arco Blanco], Comares, Granada, 2017.

CAPÍTULO 3. ¡QUE LES DEN A LOS «GRANDES HOMBRES»!

BARCELÓ, M., H. KIRCHNER y C. NAVARRO, *El agua que no duerme: fundamentos de la arqueología hidráulica andalusí,* El Legado Andalusí, Granada, 1995.
CHERNOW, R., *Alexander Hamilton,* Penguin Publishing Group, Londres, 2005.
DÍAZ MARTÍNEZ, P. C., C. MARTÍNEZ MAZA y F. J. SANZ HUESMA, *Hispania tardoantigua y visigoda,* Istmo, Madrid, 2007.
FERNÁNDEZ, R., *Carlos III, un monarca reformista,* Espasa, Madrid, 2016.
GINZBURG, C., *El Queso y los Gusanos,* Muchnik, Barcelona, 1999.
GLICK, T. F., *Islamic and Christian Spain in the Early Middle Ages,* Princeton University Press, Princeton, 1979.
HERNANDO, A., *La fantasía de la individualidad: sobre la construcción sociohistórica del sujeto moderno,* Traficantes de Sueños, Madrid, 2018.
LINEBAUGH, P., y M. REDIKER, *La hidra de la revolución: marineros, esclavos y campesinos en la historia oculta del Atlántico,* Crítica, Barcelona, 2005.

Lomas Salmonte, F. J., «El ejercicio del poder eclesiástico en la Hispania visigoda», en A. Beltrán, I. Sastre, M. Valdès (eds.), «Los espacios de la esclavitud y la dependencia desde la Antigüedad», Madrid, 28-30 de noviembre de 2012, *Actas del XXXV coloquio del GIREA. Homenaje a Domingo Plácido*, Presses Universitaires de Franche-Comté, Besançon, 2015, pp. 651-683.

Mira Caballos, E., «El envío de indios americanos a la Península Ibérica: aspectos legales (1492-1542)», *Studia Historica: Historia Moderna,* 20, 1999, pp. 201-215.

Navarro Cordero, C., «El Giro Recarediano y sus implicaciones políticas: el catolicismo como signo de identidad del Reino Visigodo de Toledo», *Ilu. Revista de Ciencias de las Religiones,* 5, 2000, pp. 97-118.

Ruiz Rodríguez, I., y A. Hernández Delgado, *Elena o Eleno de Céspedes. Un hombre atrapado en el cuerpo de una mujer, en la España de Felipe II,* Dykinson, Madrid, 2017.

Strathern, M., *The Gender of the Gift. Problems with Women and Problems with Society in Melanesia,* University of California Press, Berkley, Los Ángeles y Londres, 1988.

Thompson, E. P., «The Moral Economy of the English Crowd in the Eighteenth Century», *Past & Present,* 50, 1971, pp. 76-136.

CAPÍTULO 4. LA HISTORIA Y EL PROGRESO™

Adamson, P., «Arabic translators did far more than just preserve Greek philosophy», *Aeon,* 2016, disponible en <https://aeon.co/ideas/arabic-translators-did-far-more-than-just-preserve-greek-philosophy>.

Aimers, J. J., «What Maya Collapse? Terminal Classic Variation in the Maya Lowlands», *Journal of Archaeological Research*, 15 (4), 2007, pp. 329-377.

CRIBB, R., *Nomads in Archaeology*, University Press, Cambridge, 1991.

DÍAZ-ANDREU, M., *A World History of Nineteenth-Century Archaeology: Nationalism, Colonialism and the Past*, University Press, Oxford, 2007.

DUBY, G., *Historia de la vida privada: De la Europa feudal al Renacimiento*, Taurus, Madrid, 2001.

FERGUSON, A., *Ensayo sobre la historia de la sociedad civil*, Akal, Madrid, 2010 [1767].

GRAEBER, D., y D. WENGROW, «How to change the course of human history (at least, the part that's already happened)», *Eurozine*, 2 de marzo de 2018.

HERÓDOTO, *Historia* [edición de Manuel Balasch], Cátedra, Barcelona, 2018.

IBN JALDÚN, *Introducción a la historia universal (al-Muqaddima)* [trad. F. Ruiz Girela], Almuzara, Córdoba, 2008.

LYOTARD, J.-F., *La condición postmoderna: informe sobre el saber*, Cátedra, Madrid, 1987.

MARAVALL, J. A., *Antiguos y modernos: la idea de progreso en el desarrollo inicial de una sociedad*, Sociedad de Estudios y Publicaciones, Madrid, 1966.

MANDERSCHNEID, A., «Decline and re-emergence of nomadism: Tibetan pastoralists revive a nomadic way of life and production», *GeoJournal*, 53, 173-182, 2001.

MIRA CABALLOS, E., «Indios americanos en el reino de Castilla, 1492-1550», *Temas americanistas*, 14, pp. 1-24, 1998.

WILLIS, J., *Ordering Africa: Anthropology, European Imperialism and the Politics of Knowledge*, University Press, Manchester, 2007.

WOOLF, G., *The Cambridge Illustrated History of the Roman World,* University Press, Cambridge, 2003.

CAPÍTULO 5. «NUESTRA» HISTORIA

DELEUZE, G., *Diferencia y repetición,* Amorrortu, Buenos Aires, 2002.

FERNÁNDEZ-ORDÓÑEZ, I., «La denotación de "España" en la Edad Media. Perspectiva historiográfica (siglos VII-XIV)», en J. M. García Martín (dir.), *Actas del IX Congreso Internacional de historia de la Lengua Española (Cádiz, 2012),* vol. 1, Iberoamericana, Madrid, 2015, pp. 51-52.

GARCÍA FITZ, F., «La Reconquista: un estado de la cuestión», *Clio & Crimen,* 6, 2009, pp. 142-215.

GIL PUJOL, X., «Un rey, una fe, muchas naciones. Patria y nación en la España de los siglos XVI y XVII», en Antonio Álvarez-Osorio Alvariño y Bernardo J. García García (eds.), *La Monarquía de las naciones. Patria, nación y naturaleza en la Monarquía de España,* 2004.

GRAEBER, D., y D. WENGROW, «Hiding in plain sight: Democracy's indigenous origins in the Americas», *Lapham Quarterly,* 2020, disponible en <https://www.laphamsquarterly.org/democracy/hiding-plain-sight>.

JERVIS, B., *Assemblage thought and Archaeology,* Routledge, Oxon, 2019.

HOBSBAWM, E., *Sobre la historia,* Crítica, Barcelona, 1998.

— *Nations and nationalism since 1780,* University Press, Cambridge, 2012.

LÓPEZ FACAL, R., «Enseñanza de la historia y formación de la identidad nacional», en J. Estepa, F. Friera y R. Piñeiro (eds.),

Identidades y territorios: un reto para la didáctica de las Ciencias Sociales, KRK, Oviedo, 2001.

NORA, P., «Between memory and history: les lieux de mémoire», *Representations,* 26, 1989, pp. 7-25.

SÁNCHEZ ALBORNOZ, C., «La auténtica batalla de Clavijo», *Cuadernos de historia de España,* 9, 1948, pp. 94-139.

SMITH. A. D., «The origins of nations», *Ethnic and Racial Studies,* 12 (3), 1989, pp. 340-367.

TORRES, X., *Naciones sin nacionalismo. Cataluña en la Monarquía Hispánica (siglos XVI-XVII),* Publicacions de la Universitat de València, Valencia, 2008.

VALLA, L., *Refutación de la Donación de Constantino,* Akal, Madrid, 2011.

CAPÍTULO 6. LAS «OTRAS» HISTORIAS

CHAKRABARTY, D., *Provincializing Europe: Postcolonial Thought and Historical Difference,* University Press, Princeton, 2007.

DEETZ, J., *In Small Things Forgotten: The Archaeology of Early American Life,* Anchor books, Nueva York, 1977.

EPPRECHT, M., «"Bisexuality" and the Politics of Normal in African Ethnography» *Anthropologica,* 48 (2), 2006, pp. 187-201.

FELICIANO, M. J., «Muslim shrouds for Christian kings? A Reassessment of Andalusi Textiles in thirteenth-century Castilian Life and Ritual», en C. Robinson y L. Rouhi (eds.), *Under the influence: Questioning the Comparative in Medieval Castile,* Brill, Boston, 2005, pp. 101-131.

FERNÁNDEZ DE OVIEDO, G., *Historia general y natural de las Indias, islas y Tierra-firme del Mar Océano,* Real Academia de la Historia, 1851.

Hitchcock, L., R. Laffineur y J. Crowley (eds.), *Dais: The Aegean Feast,* University of Liège, Liège.

Joyce, P., «The end of social history?», *Social History,* 20 (1), 1995, pp. 73-91.

Lugli, F., *et al.,* «Enamel peptides reveal the sex of the Late Antique 'Lovers of Modena'», *Sci Rep,* 9, 13130, 2019.

Moilanen, U., *et al.* «A Woman with a Sword? — Weapon Grave at Suontaka Vesitorninmäki, Finland», *European Journal of Archaeology,* 24(3), 2021, pp. 1-19.

Raninen, S., «Queer Vikings? Transgression of Gender and Same-sex Encounters in the Late Iron Age and Early Medieval Scandinavia», *QueerScope Articles,* 3 (2), 2008, pp. 20-29.

Solli, B., «Queering the Cosmology of the Vikings: A Queer Analysis of the Cult of Odin and "Holy White Stones"», *Journal of Homosexuality,* 54 (1-2), 2008, pp. 192-208.

Wolf, E. R., *Europa y la gente sin historia,* Fondo de Cultura Económica, México D. F., 2004.

booket